Thomas Widrat

Simply You – einfach mal leben

THOMAS WIDRAT

SIMPLY YOU

EINFACH MAL LEBEN

88 LEBENSLEKTIONEN, DIE DU NICHT IGNORIEREN SOLLTEST

SILBERSCHNUR VERLAG

MIX
Papier | Fördert
gute Waldnutzung
FSC® C004378
FSC
www.fsc.org

ISBN: 978-3-96933-081-4

1. Auflage 2024

Umschlaggestaltung & Satz: XPresentation, Güllesheim
Druck: PB Tisk, a.s. Czech Republic

Verlag »Die Silberschnur« GmbH · Steinstraße 1 · D-56593 Güllesheim
www.silberschnur.de · E-Mail: info@silberschnur.de

FÜR AURELIAN

INHALT

II. DAS LEBEN ZURÜCKEROBERN
77 LEBENSLEKTIONEN 41

LEBENSLEKTIONEN

Units for life

DEN INNEREN KOMPASS NEU AUSRICHTEN

Eigentlich war es meine Absicht, ein Erfolgsbuch zu schreiben. Aber Erfolg ist lediglich das Resultat verschiedener positiver Eigenschaften, die wir uns aneignen, verinnerlichen und praktizieren. Und viele dieser Attribute, die uns zum Erfolg führen, leiten uns gleichzeitig auch zu einem freien, selbstbestimmten, glücklichen und letztlich auch zu einem gesunden Leben. So entstand mit diesem Buch mehr als nur ein reines Erfolgsbuch. Es entstanden die LEBENSLEKTIONEN. Mit meinen LEBENSLEKTIONEN möchte ich Sie nicht nur zu einem ebensolchen Leben führen. Diese insgesamt 88 wichtigen Anregungen und Ideen sollen Sie auch auf eine Reise zu sich selbst begleiten und Sie bei Ihrer Suche nach Ihrem wahren Wesenskern und Lebenssinn unterstützen.

"Eighty-eight is a lucky number", hat mir ein weiser Mentor einmal beiläufig gesagt. Ich wusste dies schon, da ich mich zu der Zeit bereits eingehend mit der chinesischen Lehre beschäftigt hatte. In China wird der Zahl 88 eine ganz besondere Bedeutung beigemessen. Sie gilt dort als eine ganz besondere Glückszahl. Mögen meine 88 Impulse Ihnen Glück bringen und Sie unversehrt durch diese chaotischen Jahre leiten.

Thomas Widrat, im August 2023

I.

SICH FÜR DAS WIRKLICHE LEBEN ÖFFNEN

10 VORBEREITENDE LEKTIONEN

SICH AN DAS LEBEN ERINNERN

Reisevorbereitungen für den Weg dorthin

DAS LEBEN ZURÜCKEROBERN I

In diesem ersten Teil finden Sie 10 vorbereitende Impulse, wie Sie den Weg zu einem freien, selbstbestimmten, glücklichen, erfolgreichen und gesunden Leben beschreiten können. Was so einfach und banal klingt, ist in Wahrheit ziemlich schwer. Und das, was schwer klingt, ist manchmal ganz einfach.

Sie werden sich bei dem einen oder anderen Aspekt möglicherweise die Frage stellen, was das mit diesem Thema zu tun haben mag. Ganz einfach: Diese vorbereitenden Aspekte bringen Ordnung, Struktur und Harmonie in Ihr Leben. Und das sind sehr wichtige Elemente eines glücklichen Lebens, einer ganzheitlichen Gesundheit oder eines nachhaltigen und ehrlichen Erfolges.

Eine Veränderung der Lebensumstände benötigt Zeit. Nehmen Sie sich diese für Ihre Reisevorbereitungen zu Ihrem neuen Leben.

1

DAS SMARTPHONE VERBANNEN

Die Rückkehr zum wahren Ich

WIEDER GANZ BEI SICH SELBST ANKOMMEN

Haben Sie sich schon einmal Gedanken gemacht, wie viel Zeit Sie täglich mit Ihrem Smartphone verbringen? Für die meisten beginnt der Tag schon mit einem ersten Blick auf das Smartphone, noch bevor man überhaupt den ersten Schritt aus dem Bett getan hat. Das Smartphone schläft ja direkt neben einem.

Obwohl die Handystrahlung nichts anderes als eine Waffe ist, die uns Menschen früher oder später komplett auslöschen wird, wenn sich nichts ändert, nutzen wir alle fast ausnahmslos dieses Gerät. Es ist ja auch erleichternd, wenn man im Auto sitzt und eine Navigationsapp nutzt, um ans Ziel zu kommen. Gerade bei längeren Strecken durch unbekanntes Terrain kann uns dieses Gerät gute Dienste leisten.

Aber in dem Umfang, wie die junge Generation das Smartphone nutzt, ist dies nicht förderlich für unser Leben, sondern sogar lebensbedrohlich, nicht nur für unsere körperliche Gesundheit, sondern auch für unsere seelische.

Die Mobiltelefonnutzung lenkt uns vom wirklichen Leben ab. Sie blockiert unsere soziale Entwicklung, und obwohl wir scheinbar im Mittelpunkt unserer Vernetzung stehen, verarmen wir an sozialen Kontakten. Wir verlieren auch den Blick für die reale Welt und fühlen uns in einer vorgegaukelten Illusion zu Hause. Wir entfremden uns vom wahren Leben und vom wahren Ich.

Hören Sie damit auf und kehren Sie zu sich zurück.

2

DEN COMPUTER AUSSCHALTEN

Aus der Vergangenheit das Gute ziehen

DIE WELT MIT DEN EIGENEN AUGEN BETRACHTEN

Wann haben Sie diese Welt zuletzt mit Ihren eigenen Augen, so wie ein wundervolles Gemälde in einem Museum, betrachtet?

In den letzten beiden Jahrzehnten haben wir uns zunehmend von dieser realen Welt verabschiedet und sind in eine Bildschirmwelt eingetaucht. Wenn wir mal etwas nicht wissen, dann googeln wir einfach. Und wir wissen zunehmend weniger, denn Gott Google beantwortet uns jede Frage. Wir suchen nach Wahrheit. Aber tiefe Wahrheit werden wir im Netz nicht finden können.

Unsere innere Stimme wird zunehmend leiser, und die Wahrheit, die wir tief in unserem Inneren kennen, ist fast schon fest verriegelt hinter einer verschlossenen Tür, die wir schon längst nicht mehr öffnen können.

Diese mittlerweile sogar verbotene Tür gilt es zu öffnen, um den Schatz, den wir selbst dahinter vergessen haben, zurückzuerobern.

Schalten Sie die Denkmaschinen, die Ihnen Ihr eigenes Denken jahrelang abgenommen haben, immer häufiger aus – und immer weniger an. Sie brauchen sie nicht. Kaufen Sie sich Lexika und Fachbücher über Themen, die Sie interessieren. Fragen Sie Experten, aber fragen Sie nicht Maschinen ohne Emotionen, die diese Welt nur in den Abgrund reißen möchten.

3

SICH AUS DEN SOZIALEN MEDIEN VERABSCHIEDEN

Wahrheit ist Wahrheit

WIEDER TIEFE WAHRHEIT ERFAHREN

Was suchen Sie in den sozialen Medien? Liebe, Glück, Gesundheit, Freunde, Anerkennung oder Ehrlichkeit?

Alle diese Attribute sind dort nicht zu Hause. Sie werden sie dort nicht finden.

Liebe wohnt in Ihrem Herzen – gehen Sie auf Ihre Mitmenschen zu oder beschäftigen Sie sich mit Dingen, die Sie lieben. Dann werden Sie diese erfahren.

Glück kann man in den sozialen Medien nicht finden. Glücksmomente erzeugen Sie, wenn Sie lieben, was Sie tun.

Gesundheit ist die Folge einer gesunden Ernährung, eines reinen Körpers, eines klaren Geistes und eines Seelenauftrages, der gelebt wird. Durch Letzteres erfahren Sie auch Anerkennung.

Freunde gibt es nur im wahren Leben. Man muss sehr genau hinschauen.

Und Ehrlichkeit erfahren Sie, wenn Sie immer auf der Suche nach Wahrheit Perlen finden. Diese aktuelle Welt ist eine große Lüge, in der nur sehr wenige nach Wahrheit suchen. Wollen Sie dazugehören und der Lüge die Maske entreißen?

Verbreiten Sie Wahrheit – und Sie werden Wahrheit bekommen.

4

DAS ZUHAUSE AUFRÄUMEN

Energien freilegen

ORDNUNG WIEDERHERSTELLEN

In der Natur hat alles seine Ordnung: Frühling, Sommer, Herbst und Winter, Hitze und Kälte, Trockenheit und Regen, Gebirge und Meer, Tag und Nacht, Yin und Yang. Eine Welt der Polarität, in der wir existieren. Bis zur Einheit sind es noch etwa tausend Jahre. Dann müssten wir den Garten Eden erreicht haben.

Chaos gibt es in der Natur nicht, auch dann nicht, wenn ein Wirbelsturm über das Land fegt oder ein Gebiet überflutet wird. Alles hat seine Ordnung. Nur der Mensch ist es, der Strukturen zerstört und sich die Natur zu eigen gemacht hat. Hier sehen wir Chaos.

Die natürliche Ordnung gilt es, ins eigene Zuhause zu holen: klare Strukturen, saubere Trennungen. Ein Badezimmer kann keine Bibliothek sein und eine Küche kein Hobbyraum.

Strukturieren Sie Ihr Zuhause. Lassen Sie nichts herumliegen. Jeder Ihrer Gegenstände hat seinen Platz und dort gehört er hin, wenn er nicht in Benutzung ist.

Räumen Sie auf, strukturieren Sie Ihre Schränke, Schubladen und Möbel neu. Das, was zusammengehört, soll beieinander liegen. Gehen Sie dabei Raum für Raum vor. Beginnen Sie beim Schlafzimmer, hier werden Sie erfahrungsgemäß am schnellsten fertig sein. Vergessen Sie nicht den Hauswirtschaftsraum, den Keller, den Dachboden und Ihre Garage mit dem Auto.

Bringen Sie Ordnung und Struktur in Ihr Leben.

5

DEN ARBEITSPLATZ ORDNEN UND STRUKTURIEREN

Freiraum schaffen

EINEN GUTEN NÄHRBODEN SCHAFFEN

Was befindet sich auf Ihrem Schreibtisch? Notebook, Stiftebecher, eine beschriebene Schreibtischunterlage, Schreibutensilien, ein Stapel mit unerledigten Vorgängen und vielleicht noch etwas Staub, weil Sie bei diesen Bergen kaum noch Herr der Ordnung sein können. Das ist kein guter Nährboden für die (jungen) Pflanzen Ihrer Arbeit und Kreativität. Hier kann nichts Gutes gedeihen.

Falls Sie nicht am Schreibtisch, sondern im Atelier, an der Werkbank, in der Werkstatt oder Küche arbeiten, so betrifft Sie das natürlich auch. Ihr Arbeitsplatz sollte aufgeräumt und strukturiert sein, und auf der Arbeitsfläche sollte nur das liegen, was Sie gerade verwenden. Alles andere sollte säuberlich weggeräumt sein.

Neben Ihrer freien Arbeitsfläche sollte Ihr Büro, Ihr Atelier oder Ihre Werkstatt im Allgemeinen sehr aufgeräumt, ordentlich und strukturiert sein.

Machen Sie sich an die Arbeit, und Sie werden erstaunt sein, welchen positiven Effekt diese Maßnahmen in Bezug auf Ihre Arbeitsleistung haben werden.

6

VERKAUFEN, VERSCHENKEN, ENTSORGEN

Überflüssigen Ballast loslassen

Bei der Beschäftigung, Ihren Wohn- und Arbeitsbereich aufzuräumen, zu ordnen und zu strukturieren, werden Sie allerhand Dinge finden, die Sie im Grunde genommen nicht (mehr) benötigen. Was geschieht mit diesen Dingen? Sammeln Sie diese separat in Kartons, statt diese Gegenstände wieder in Ihre Regale, Schränke und Schubladen einzusortieren.

Ich weiß, das kann sehr viel Kram sein, der dann in Kartons landet. Sortieren Sie die Kartons in diese drei Kategorien: verschenken, verkaufen, entsorgen.

Nehmen Sie dabei keine Rücksicht darauf, ob Sie die Gegenstände oft gebraucht oder verwendet haben. Auch Dinge, die nie in Benutzung waren, dürfen aussortiert werden, ebenso Dinge, die Sie geschenkt bekommen haben, die Sie allerdings nicht mehr mögen oder gebrauchen können. Nehmen Sie darauf bitte keine Rücksicht, und fühlen Sie sich frei in Ihren Entscheidungen.

Wenn Sie fertig sind, haben Sie höchstwahrscheinlich einige Kartons zusammen. Je mehr Kartons Sie haben, umso erfolgreicher waren Sie bei Ihrem Vorgehen. Wenn Sie natürlich schon regelmäßig in Ihrem Leben aussortiert haben, werden Sie glücklicherweise nur noch wenige Teile vorfinden, die Sie verschenken, verkaufen oder entsorgen möchten.

Und dann geht es in den darauffolgenden Tagen an die Arbeit. Fragen Sie Freunde, Bekannte, Nachbarn, ob sie sich aus Ihren Kisten etwas aussuchen möchten. Die Dinge, die Sie verkaufen möchten, bieten Sie zum Kauf an – entweder online oder Sie fragen in diesem Zuge auch Ihre Kontakte. Und die Dinge, die Sie entsorgen möchten, fahren Sie zum Wertstoffhof.

Sie werden spüren, welch befreiende Wirkung eine solche Aktion für Ihr Leben und Ihre Gesundheit haben kann.

7

ALLES VEREINFACHEN

Die Kraft der Einfachheit nutzen

KLARHEIT BIETET RAUM FÜR NEUES

Wir leben heute in einer Zeit, in der wir ständig etwas zu erledigen haben. Vieles tun wir einfach aus einer Routine heraus, weil wir über Jahrzehnte in eine Matrix der Illusion geraten sind und es als selbstverständlich erachten, dass wir dies tun. Vieles wird von uns gefordert, aus einer Verpflichtung ist Routine entstanden und aus der Routine sind neue Verpflichtungen gewachsen. Ein Formular hier, ein Antrag dort, eine Bescheinigung hierfür, ein Nachweis dafür. Unser Leben besteht nur noch aus Verpflichtungen. Wem gegenüber verpflichten wir uns? Uns Menschen selbst gegenüber? Von Vereinfachung kann in dieser Welt schon lange keine Rede mehr sein.

Umso wichtiger ist es, dass Sie Ihr eigenes Leben so einfach wie nur möglich gestalten, um sich noch einen persönlichen Raum für die schönen Dinge des Lebens zu erhalten.

Haben Sie alle offenen, noch unerledigten Dinge abgearbeitet? Falls nein, gehen Sie dies an. Es befreit Sie, wenn Ihr Leben weitestgehend frei von Erledigungen und Verpflichtungen ist.

Als Nächstes vereinfachen Sie Ihre persönliche Lebensführung. Verkomplizieren Sie nichts, dadurch entsteht nur Unordnung und Chaos in Ihrem Kopf. Bringen Sie Leichtigkeit und Übersicht in Ihren Alltag. Treffen Sie Absprachen mit Ihrer Familie, die zusammen mit Ihnen lebt. Vereinfachen Sie zusammen Ihr Leben.

Gehen Sie alle Ihre Aufgaben durch und machen Sie sich Pläne, wie und wo Sie Ihr Leben vereinfachen könnten.

8

DIE EIGENE ERNÄHRUNG ÜBERDENKEN

Nahrung ist Medizin

NAHRUNG FÜR KÖRPER, GEIST UND SEELE

Bedenken Sie, dass die Nahrung, die Sie zu sich nehmen, der Kraftstoff für Ihre Zellen ist. Je naturbelassener und einfacher die Nahrung dabei ist, umso heilkräftiger ist diese für unseren Organismus.[1]

1. Meiden Sie strikt raffinierten Zucker und Produkte, in denen dieser enthalten ist, denn raffinierter Zucker ist Gift für unseren Körper. Wählen Sie stattdessen gesunde Süßungsmittel, wie Vollrohrzucker, Honig, Agavendicksaft oder Ahornsirup.
2. Verwenden Sie Vollkornprodukte statt Weißmehl und ersetzen Sie Weizen durch Dinkel.
3. Achten Sie auf eine ausreichende Eiweißzufuhr, aber ohne Milchprodukte und Eier. Butter ist erlaubt. Wenn Sie Fleisch essen, bitte nur in Maßen. Gute Eiweißlieferanten sind Hülsenfrüchte und Nüsse.
4. Essen Sie keine Transfette, sondern hochwertige Öle wie zum Beispiel Leinöl oder Olivenöl. Beide Öle sind ausgesprochen gesund.
5. Essen Sie Obst und Gemüse – saures Obst aber nur sehr eingeschränkt.
6. Essen Sie auch warme Mahlzeiten – gerade im Winter.
7. Meiden Sie krank machende (Fertig-)Nahrung.
8. Essen Sie nicht zu viel pro Mahlzeit, es schwächt Ihr Verdauungsfeuer.
9. Kombinieren Sie Ihre Mahlzeiten richtig.
10. Sorgen Sie für eine ausreichende Zufuhr von gutem Salz.
11. Trinken Sie ausreichend stilles Wasser.
12. Ihre Nahrung muss Ihnen schmecken.

---

[1] Thomas Widrat: Simply Healthy - einfach vollkommen gesund, 2023, Verlag »Die Silberschnur«

9

DIE EIGENE GESUNDHEIT ERFASSEN

Den Pfad der Heilung gehen

STATUS QUO DER GESUNDHEIT

Zu einem glücklichen, zufriedenen und erfolgreichen Leben gehört auch, dass wir gesund sind und frei von Beschwerden und Krankheiten leben können.

Der erste Schritt zur Heilung ist eine Bestandsaufnahme. Unter welchen Beschwerden leiden Sie? Notieren Sie diese und schauen Sie nach Möglichkeiten, ob und wie Sie diese heilen oder bessern können. Wenn naturheilkundliche Selbsttherapien nicht mehr wirken, wäre es an der Zeit, einen Heilpraktiker oder einen naturheilkundlich arbeitenden Arzt aufzusuchen, der Sie bei der Besserung oder Heilung Ihrer Leiden unterstützt.

Naturheilkundliche Mittel haben gegenüber schulmedizinischen Mitteln den Vorteil, dass diese das aufgestaute Krankheitspotenzial abbauen, die Zellen entschlacken und somit echte kausale Heilung stattfinden kann.

Neben der Pflanzenheilkunde (Tees und phytotherapeutische Mittel) eignet sich die Therapie mit den biochemischen Mitteln nach Dr. Schüßler sowie die Homöopathie hervorragend, um den Körper zu entgiften.

An dieser Stelle muss man auch die Ernährungsheilkunde erwähnen, denn Nahrungsmittel sind in der Lage, unseren Körper zu entgiften und ihn wieder aufzubauen. Bitte beachten Sie hierzu die unter *8 Die eigene Ernährung überdenken* (s. S. 34) empfohlenen Ernährungshinweise, die die Basis für eine gesunde Ernährung darstellen.

Tun Sie Ihrer Gesundheit etwas Gutes.

10

BUCHKALENDER & NOTIZBUCH

Termine – Gedanken – Ideen – Impulse
Inspirationen – Träume – Wünsche – Ziele

NEUE IMPULSE DURCH SCHRIFTLICHE FIXIERUNG

Notieren Sie sich Ihre Erledigungen und Ideen? Bislang noch nicht? Dann lege ich Ihnen wärmstens ans Herz, sich einen Buchkalender im kleinen Format sowie ein Notizbuch zu kaufen. Das sind Basisarbeitsmittel auf dem Weg zu einem freien, selbstbestimmten und erfolgreichen Leben.

Die Auswahl an Buchkalendern und Notizbüchern ist sehr groß. Am besten eignen sich Buchkalender mit einer Tagesübersicht (eine komplette Kalenderseite pro Tag), die lediglich das Datum, den Wochentag, die Feiertage und ggf. noch den Sonnenauf- und Sonnenuntergang sowie die Mondphasen anzeigt. Auf mehr sollte man aufgrund der Übersichtlichkeit verzichten. Wichtig ist noch, dass der Buchkalender eine Lineatur hat, um Notizen und Termine einfacher eintragen zu können.

In diesen Buchkalender tragen Sie neben Terminen auch Ihre To-dos ein, die Sie zu erledigen haben. Nachdem Sie diese erledigt haben, streichen Sie diese der Übersichtlichkeit halber durch. Falls Sie eine Erledigung nicht schaffen konnten, streichen Sie diese ebenfalls durch und terminieren sie diese einfach neu. So behalten Sie Ihre Erledigungen und Pläne sehr gut im Blick.

Das Notizbuch nutzen Sie, um dort Ideen, Inspirationen, Visionen, Wünsche und Ziele zu fixieren. Auf diese Weise vergessen Sie nichts und haben immer einen freien Kopf für neue kreative Impulse, die Sie dann sofort niederschreiben, damit Sie einfach nichts vergessen.

II.

DAS LEBEN ZURÜCKEROBERN

77 LEBENSLEKTIONEN

AUFBRUCH INS LEBEN

Die Reise dorthin

DAS LEBEN ZURÜCKEROBERN II

In diesem zweiten Teil finden Sie 77 Anregungen und Impulse, wie Sie den Weg zu einem freien, selbstbestimmten, erfolgreichen, glücklichen und gesunden Leben beschreiten können. Auch diese Anregungen mögen sehr einfach klingen, doch wenn alles so einfach wäre, dann hätten wir eine freie, glückliche, selbstbestimmte und erfolgreiche Menschheit. Doch leider ist alles andere der Fall.

Alle diese Ideen und Inspirationen verlangen Ihnen einiges an Disziplin und Durchhaltevermögen ab, wenn Sie diese umsetzen. Trotz alledem lohnt es sich, diese etwas holprige Reise zu Ihrem neuen Leben auf sich zu nehmen.

Ich wünsche Ihnen viel Freude.

Gute Reise – bon voyage!

11

SICH EINER LEIDENSCHAFT VERSCHREIBEN

Sich der Liebe widmen

TRÄUME LEBEN

Wer sich auf der weiten Reise zu sich selbst verirrt hat, der kann sich, dadurch, dass er sich mit seinen Leidenschaften beschäftigt, selbst wiederfinden.

Leidenschaften sind eine ganz besondere Form der Liebe, die wir, egal in welcher Form, in unser aller Leben integrieren sollten.

Wer seine Leidenschaften (aus-)lebt, ist nicht nur glücklicher und zufriedener. Er ist auch gelassener und ruhiger. Gerade in diesen unruhigen Zeiten sollten wir viel mehr acht auf uns geben und uns auf die innere Stärke verlassen, statt auf äußere Gegebenheiten zu schauen und zu bauen.

Leidenschaften können sehr vielfältig sein: Kleidung zu nähen, Gedichte zu schreiben, Lieder zu komponieren oder ein Instrument zu spielen, kann ebenso eine Leidenschaft sein, wie das gemeinsame Skat- oder Schachspielen, der Modellbau, der Reitverein oder die Beschäftigung mit naturheilkundlichen Mitteln und Verfahren.

Was ist Ihre Leidenschaft? Leben Sie diese aus. Sie spendet Ihnen Kraft.

12

ZEIT FÜR NEUE HOBBYS

Sich verändern

IN BEWEGUNG BLEIBEN

Sie möchten sich verändern ...?

Der einfachste Weg, dies umzusetzen, führt über unsere Hobbys.

Haben Sie schon lange den Wunsch verspürt, ein Hobby zu entdecken, das Ihnen Freude bereitet? Oder haben Sie den Wunsch verspürt, überhaupt einem Hobby nachzugehen? Wenn ja, dann ist das Ihre Chance für eine erfolgreiche Veränderung Ihrer Persönlichkeit.

Ein Hobby eröffnet Ihnen Türen, sich selbst neu zu entdecken und zu erfahren. Sie kommen in Kontakt mit gleichgesinnten Menschen und haben die Chance, neue Wegbegleiter zu finden, die zu Freunden werden können. Hobbys eröffnen uns neue Perspektiven, die sehr wichtig sind, wenn wir uns weiterentwickeln möchten. Sie tun daneben unserer Gesundheit gut, weil wir mit ihnen Stress abbauen. Hobbys nähren uns. Wenn wir sie ausüben, essen wir in der Regel auch deutlich weniger, was wiederum unserer Gesundheit zugutekommt. Und nicht zuletzt stärken Hobbys auch unsere geistig-seelische Verfassung.

Für welches Hobby entscheiden Sie sich?

13

SPAZIERENGEHEN & EIN FAHRRAD KAUFEN

Klare Gedanken bekommen

BEWEGUNG IST LEBEN

Spaziergänge sind bei jeder Witterung eine Wohltat für unser Wohlbefinden. Ganz gleich, ob wir durch die bergige Winterlandschaft streifen, wir entlang blühender Maiwiesen laufen, am Sommerstrand spazieren oder durch den Herbstwald gehen. Spaziergänge tun uns gut.

Sie öffnen uns den Blick für andere Perspektiven und nehmen Ängsten, Sorgen und Zweifeln den Schrecken. Sie stärken unser Immunsystem, spenden uns Kraft und schulen zudem auch noch unsere Intuition.

Durch die Bewegung wird die Sauerstoffversorgung unseres Blutes erhöht, unser Körper entgiftet und befreit sich von Schlackenstoffen. Unsere Durchblutung wird zudem gefördert, und Glückshormone werden freigesetzt.

Wen es allerdings in entferntere Gegenden zieht, der kann das Fahrrad nutzen. Radfahren ist nicht nur gesund, es inspiriert auch ungemein und kann so viel Freude bereiten, dass es fast schon ein wenig süchtig macht, sich mit dem Rad fortzubewegen.

Falls Sie noch kein Fahrrad besitzen, würde ich Ihnen unbedingt ans Herz legen, sich eines zu kaufen. Informieren Sie sich im Fachhandel, welches Fahrrad sich für Sie und Ihre Wünsche eignet. Das kann regional sehr verschieden sein.

14

WALDLUFT ATMEN

Sauerstoff tanken

DIE HEILKRAFT DER BÄUME NUTZEN

Wenn wir durch den Wald gehen, können wir die Heilkraft der Bäume auf vielfältige Art und Weise nutzen. Unser Wald spendet uns nicht nur Sauerstoff. Die Waldluft enthält auch bis zu 90 Prozent weniger Staubteilchen als Stadtluft. Waldluft ist daher reinere Luft.

Der Wald stärkt nicht nur nachweislich unser Immunsystem. Er soll auch psychische Stresserkrankungen, Burn-out und Depressionen verhindern können. Auch vor Herzinfarkten und anderen chronischen Erkrankungen soll der Wald uns schützen können.

Killerzellen, wichtige Zellen des Immunsystems, werden durch das Atmen von Waldluft stimuliert.

Das sind eigentlich Gründe genug, warum wir uns viel mehr im Wald aufhalten und die Heilkraft unserer Bäume nutzen sollten.

Im Wald kommen wir auf wunderbare Art und Weise mit dem Erdelement in Kontakt. Gerade für Menschen, die einmal richtig zur Ruhe kommen und entspannen sollten, bietet sich der Wald als idealer Kraftort an.

Planen Sie einen Ausflug zusammen mit Ihrer Familie in einen näher gelegenen Wald oder planen Sie eine Reise mit täglichem Waldbaden in einem der schönen Wald-Naturparks unseres Landes.

15

EINEN DRACHEN STEIGEN LASSEN

Sorgen im Winde verwehen sehen

HOCH HINAUS

Reisen Sie zurück zu Ihren Kindertagen und lassen Sie einen Drachen im Wind steigen. Entweder kaufen Sie sich einen oder, besser noch, Sie besorgen sich eine Bauanleitung und die entsprechenden Materialien und bauen zusammen mit Ihrer Familie einen wunderschönen, bunten Familiendrachen.

Die Bauphase können Sie zu einem regelrechten Ritual werden lassen, das sich über einige Wochen hinzieht. So verbringen Sie zusammen mit Ihrer Familie immer wieder eine schöne Zeit, um an einem gemeinsamen Projekt zu arbeiten. Sie sind dann sozusagen die Unternehmerfamilie einer Traumfabrik, die sich damit beschäftigt, Wünsche und Träume hoch hinaus in den Himmel zu tragen. Eine wirklich tolle Vision.

Beim Drachensteigen kommen Sie mit dem Luftelement in Berührung. Hoch hinaus ist genau die Richtung, in die Sie möchten.

Schauen Sie gemeinsam mit Ihrer Familie dem Drachen zu, wie er in immer größerer Höhe im Wind flattert. Auch Sie könnten solche Höhenflüge wagen, wenn Sie sich trauen.

Ein glückliches, selbstbestimmtes, erfolgreiches, zufriedenes und gesundes Leben ist nur eine Sekunde von Ihrem jetzigen Leben entfernt, nämlich von Ihrer Entscheidung, es wagen zu wollen.

Glauben und arbeiten Sie daran.

16

IM WATT WANDERN

Alles fließt

NAVIGATION

Nehmen Sie eine Reise an die Nordsee auf sich und erleben Sie eine Wanderung im Watt mit allen Sinnen. Egal, wie das Wetter auch ist, solange Sie nicht frieren und es nicht in Strömen regnet, können Sie bei einer solchen Seewanderung mehr als nur einen freien Kopf bekommen.

Atmen Sie die frische Meeresluft bewusst mit tiefen Atemzügen ein. Lauschen Sie dem Geschrei der Möwen und spüren Sie, wie der Wind Ihnen ins Gesicht peitscht. Lassen Sie Ihre Gedanken einfach eine Zeit lang treiben. Sie werden irgendwann an einem bestimmten Thema stranden, das Sie schon länger beschäftigt.

Vielleicht wagen Sie auch einen Abstecher durch das Watt zur Insel Neuwerk. Diese können Sie hervorragend von Cuxhaven aus zu Fuß oder mit Kutschen erreichen.
Aber informieren Sie sich, wann dies möglich ist. Machen Sie hier keine gefährlichen Alleingänge, sondern unternehmen Sie eine solche Tour immer zusammen mit einem erfahrenen Führer vor Ort, der die Gefahren der kommenden Flut sehr genau einschätzen kann. Ein solcher Ausflug kann sehr gefährlich werden, wenn man sich auf blauen Dunst ohne jegliche Informationen und Vorbereitungen einfach ins Watt begibt.

Wenn Sie sowieso schon an der Küste sind, dann könnten Sie ebenfalls einen Blick auf die vielen Leuchttürme werfen und im Abendlicht die vorbeifahrenden Schiffe bewundern.

17

EINEN GARTEN ANLEGEN

Der Natur etwas zurückgeben

GARTEN EDEN

Haben Sie einen eigenen Garten? Falls ja, vielleicht darf es ein wenig mehr sein als eine englische Rasenfläche mit einem Roboterrasenmäher und einer Betonsteinfläche? Wie wäre es mit einem kleinen Garten Eden? Einer Oase mitten in Ihrer Straße?

Ein schöner Garten ist eine Kraftquelle für Körper, Geist und Seele, und die Arbeit im Garten kann sehr viel Freude bereiten, wenn es der eigene ist, für den man die Arbeit auf sich nimmt.

Ein Garten kann sich in so vielen wundervollen Facetten zeigen. Er kann Teiche haben, wo Wasserspiele dem Garten Feuchtigkeit und erfrischende Kühle spenden. Aber auch Windspiele oder Windmühlen können platziert werden, die Bewegung in den Garten bringen. Rosen- und Staudenbeete sind ein wunderschöner Blickfang. Obstbäume und -sträucher machen nicht nur zur Erntezeit Freude. Auch die Obstblüte kann verzaubern. Hecken mit blühenden Sträuchern oder seltene Bäume und Tannen können den Garten in ein Paradies verwandeln. In einem Gewächshaus oder auf einer Freilandfläche kann man das eigene Biogemüse mit Biosaat züchten.

Für die Kinder könnte man ein Baumhaus bauen, eine Hängematte platzieren, ein Zelt aufstellen und bunte Lampions aufhängen. Ein Garten ist viel mehr als nur eine Pflichtveranstaltung für den Mann. Er ist eine natürliche Ruhezone und ein Lebensraum der Liebe für die ganze Familie.

Vielleicht bieten sich Ihnen ja Möglichkeiten, auch wenn Sie keinen eigenen Garten haben. Denn nichts kann so wundervoll sein wie der eigene Garten.

18

TAGTRÄUMEN

Visionen durchleben

DEN MUT ZU HABEN, AUCH AM TAG ZU TRÄUMEN

Wann haben Sie das letzte Mal am Tag geträumt? Und wann hatten Sie den Mut, sich auch an ganz besondere, große Träume zu wagen?

Auch am Tag zu träumen ist wichtig. Diese Träume sind etwas ganz Besonderes. Es sind tief verborgene Sehnsüchte, die ins Bewusstsein dringen wollen. Wer ein zufriedenes und glückliches Leben erfahren möchte, sollte dies zulassen und diese Träume sehr ernst nehmen. Sie zeigen uns den Weg zu unserem persönlichen Glück.

Tagträume sind im Grunde nichts anderes als Botschaften aus einer für uns noch unerreichbaren Dimension. Wenn wir sie erhören, führen uns mit Leichtigkeit und ohne viel Leid durch unser Leben. Sie leiten uns an, öffnen uns fest verschlossene Türen und bringen uns zurück zu unserem verborgenen Selbst.

Geben Sie Ihren Tagträumen einen Raum – und verstehen Sie die Essenz dieser ganz besonderen Träume.

19

GEMEINSAM MIT DER FAMILIE VERREISEN

Zusammenhalt erfahren

GEMEINSAM NEUES ERLEBEN

Nehmen Sie sich Zeit und verreisen Sie zusammen mit Ihrer Familie. Planen Sie zunächst gemeinsam, wohin die Reise gehen soll. Wollen Sie lieber ans Meer, ein wenig am Strand die Sonne genießen – oder bevorzugen Sie einen Wanderurlaub in den Bergen?

Besprechen Sie, was Sie vor Ort unternehmen möchten, aber lassen Sie Raum für spontane Ideen. Überlegen Sie gemeinsam, was Sie von dieser Reise erwarten und welchen Sinn dieser Urlaub für alle haben soll.

Er könnte beispielsweise eine letzte gemeinsame Reise sein, bevor die Kinder in die Schule kommen oder ein Studium in einer entfernteren Stadt oder einem anderen Land beginnen. Er könnte aber auch ein langersehnter Urlaub sein, weil man schon längere Zeit nicht mehr verreist ist oder weil die Kinder vielleicht noch zu klein waren, um die Strapazen einer langen Reise gut durchzustehen.

Die Reise könnte aber auch ein gemeinsamer Rückzug für alle Familienmitglieder sein, um gemeinsam eine neue Lebensrichtung zu besprechen, die die Familie gerne einschlagen möchte.

Oder die Reise dient einfach nur als Erholung vom stressigen Alltag, um einfach einmal die Seele baumeln zu lassen.

Es liegt ganz an Ihnen, was Sie mit dieser Reise erreichen möchten.

20

LIEBE VERSCHENKEN

Liebe bekommen

LIEBE IST DER SCHLÜSSEL

Wer von ganzem Herzen und ohne Bedingungen Liebe verschenkt, der wird mit bedingungsloser Liebe belohnt werden.

Nichts ist größer, nichts ist stärker, nichts ist mächtiger als die Liebe. Liebe ist wie Musik, Liebe ist Magie. Wir haben die Kraft, die von der Liebe ausgeht, in unserer Zeit noch nicht ansatzweise verstanden. Liebe ist viel mehr als eine Macht, sie ist eine Allmacht, die alle Türen unseres Seins öffnen kann – auch das Tor zu Gott.

Warum (er-)leben wir auf Erden so wenig zwischenmenschliche Liebe? Warum wird Liebe von uns Menschen unbewusst an Bedingungen geknüpft?

Wir leben in einer Welt, in der wir von Ängsten gesteuert werden. Die Angst, etwas zu verlieren, die Angst, verletzt zu werden, und die Angst zu versagen. Ängste schleichen sich zu jeder Zeit an uns heran und sind allgegenwärtig. Wir sind eine Menschheit voller Ängste. Wenn wir diese Ängste einfach ablegen würden, dann wären wir nicht nur frei, sondern wir hätten das Ziel der bedingungslosen Liebe auf diesem Planeten ebenfalls schon längst erreicht.

Beginnen Sie in Ihrem kleinen Kreis. Verschenken Sie Liebe in jeder Form. Dies können Sie durch eine ernst gemeinte nette Geste, ein freundliches Lächeln oder ein höfliches und zuvorkommendes Wort oder ein Kompliment erreichen. Und seien Sie sicher: Sie werden erstaunt sein, wie viel Liebe Sie zurückerhalten werden.

21

SICH ZURÜCKZIEHEN

Stille erweckt Energien

ZUR RUHE FINDEN

In der Ruhe liegt bekanntlich die Kraft. Und wer zur Ruhe kommt und sich in die Stille begibt, kann diese Kraft spüren.

Ziehen Sie sich bewusst für einen Tag, ein Wochenende oder auch länger aus Ihrem Alltagsleben zurück und verbringen Sie Zeit nur mit sich selbst. Genießen Sie das Alleinsein. Beginnen Sie damit, Ihre innere Stimme zu erhören, und folgen Sie ihr. Lassen Sie Ihren Gedanken freien Lauf und bewerten Sie diese nicht. Begrenzen Sie diese auch nicht und lassen Sie jeden Gedanken einfach zu. Kommen Sie in Kontakt mit Ihrem Unterbewusstsein.

Wenn wir zur Ruhe kommen, findet auch unser Sympathikus Ruhe, der heutzutage häufig überbetont agiert. Er sorgt unter anderem für die Ausschüttung von Stresshormonen, die den Blutdruck und die Herzfrequenz erhöhen oder die Atmung beschleunigen. Der Parasympathikus ist der Gegenspieler des Sympathikus und bewirkt genau das Gegenteil in Ruhe- und Erholungsphasen, wie zum Beispiel im Schlaf. Die Balance zwischen dem sympathischen und parasympathischen Nervensystem ist für unsere Gesundheit sehr wichtig.

Aber nicht nur deshalb können solche Tage, Wochen oder auch Monate der Stille sehr viel Positives in uns bewirken. Es ist keinesfalls eine ungenutzte Zeit oder ein verschwenderischer Umgang damit, sondern eine Abkürzung zum Ziel. Wer häufig mit sich selbst und seinem Unterbewusstsein in Kontakt ist, lebt freier, ist glücklicher und wird erfolgreicher.

22

FREUNDSCHAFTEN ERFASSEN

Echte Freunde haben

WAHRE FREUNDE HABEN

Gute Freunde braucht jeder. Können Sie die Personen aus Ihrem Freundeskreis als richtig gute Freunde bezeichnen? Oder sind die Freundschaften, die Sie pflegen, eher oberflächlicher Natur?

Freundschaften können sehr förderlich für uns und unsere Entwicklung sein, aber leider können sie auch genau das Gegenteil bewirken und uns in unserer Entwicklung extrem hemmen und ausbremsen.

Wenn Sie das Gefühl haben, dass Ihre Freunde Sie und Ihr Leben eigentlich nur noch belasten, dann würde ich Ihnen nahelegen, sich von diesen Personen etwas fernzuhalten, denn sie können Ihr komplettes Leben zerstören und Sie vollständig energetisch aussaugen.

Die folgenden Fragen zeigen Ihnen, ob Sie wirklich gute Freunde haben:

- Sind Ihre Freunde wirklich für Sie da, wenn Sie einmal Hilfe benötigen?
- Sind Ihre Freunde gute Zuhörer?
- Vermitteln Ihre Freunde Ihnen ein positives Gefühl?
- Findet zwischen Ihren Freunden und Ihnen ein ausgeglichenes Geben und Nehmen statt?

Fertigen Sie für sich selbst eine Liste mit Ihren Freunden an. Notieren Sie, wer zu Ihren besten Freunden zählt. Wenn Sie keine guten Freunde haben, es aber Ihr Wunsch ist, welche zu haben, dann begeben Sie sich auf die Suche. In Vereinen gelingt es am einfachsten, mit gleichgesinnten und gleichdenkenden Personen in Kontakt zu kommen.

23

TRÄUME, WÜNSCHE UND ZIELE NOTIEREN

Pläne machen

MAN BRAUCHT EIN ZIEL, DER WEG IST IRRELEVANT

Wenn Sie ein freies, selbstbestimmtes und erfolgreiches Leben anstreben, dann müssen Sie Ihr Ziel kennen. Ohne ein definiertes Ziel gibt es ein solches Leben nicht.

Nehmen Sie Ihr Notizbuch zur Hand und notieren Sie sich, welche Ziele Sie in Ihrem Leben haben. Was sind Ihre Träume, Pläne und Wünsche? Notieren Sie eine jede Kleinigkeit.

Am besten Sie ziehen sich dafür ein wenig zurück. Denken Sie an Ihre Erfahrungen, die Sie zuvor mit den vorbereitenden Maßnahmen gemacht haben. Vielleicht haben Sie ja wirklich bereits Ihr Smartphone verbannt, hocken bei weitem nicht mehr so häufig vor Ihrem Computer, haben eine intensive Wanderung im Wald oder Watt erfahren, haben einen Drachen gebastelt oder waren mit Ihrer Familie schon gemeinsam unterwegs. Falls nein, tun Sie das noch. Es befreit und inspiriert Sie, wirklich.

Wenn Sie die ersten Notizen gemacht haben, legen Sie das Notizbuch zur Seite an einen sicheren Ort, an dem andere Personen keinen Zugriff darauf haben. Ihre Wünsche sind privat. Das hat viele Gründe: Zum einen sollen Sie nicht belächelt werden. Und zum anderen sollen Sie sich für Ihre Wünsche auch nicht rechtfertigen müssen.

Nehmen Sie das Notizbuch wann immer Sie wollen zur Hand und notieren Sie sich, so häufig wie nur möglich, alle für Sie wichtigen Dinge in diese kleine Schatztruhe mit Ihren Plänen. Sie werden schnell bemerken, wie wichtig dieses Büchlein für Sie wird.

24

STÄRKEN HERAUSFILTERN

Sich selbst erkennen

STÄRKEN MACHEN EINMALIG

Je länger und intensiver Sie mit Ihrem Notizbuch arbeiten und je mehr Sie dieses mit Gedanken, Ideen, Inspirationen, Träumen, Wünschen und Zielen "füllen", umso deutlicher wird, welche Leidenschaften und Stärken Sie ausmachen. Durch Ihren Input wird Ihr Notizbuch zu Ihrem besten Spiegelbild. Es ist der mit Abstand am schlechtesten bezahlte Coach, aber zugleich auch der beste.

Filtern Sie Ihre Stärken heraus – erkennen Sie, was Ihnen Freude bereitet, was Sie lieben, was Sie besonders gut können und was Sie tun möchten, um glücklich sein zu können.

Wenn Sie Ihre Stärken separat notiert haben – und Sie können diese beliebig zu späterer Zeit ergänzen –, dann machen Sie sich Gedanken darüber, wie Sie diese sinnvoll und zum Wohle der Menschheit einsetzen können.

Wenn Sie von ganzem Herzen und mit voller Überzeugung Ihre Stärken zum Wohle der Menschheit oder zur Verbesserung des Lebens auf dieser Erde einsetzen, dann brauchen Sie sich keine Sorgen darum zu machen, ob Ihre Tätigkeit entlohnt und gewinnbringend sein wird. Sie wird es sein.

25

DIE INNERE STIMME ERHÖREN

Genau hinhören

DIE LEISE STIMME IST DIE LAUTESTE

Wir verlieren immer mehr den Zugang zu unserer inneren Stimme. Immer weniger nehmen wir diesen inneren Wächter wahr, der uns nicht nur vor so mancher Fehlentscheidung warnend schützt, sondern uns auch leise zuflüstert "geh durch", wenn sich gerade eine Tür für uns öffnet.

Der Alltagsstress und die Cyberwelt haben die Verbindung zum Großen und Ganzen scheinbar durchtrennt. Das Naturverständnis schwindet, die innere Stimme wird in dieser lauten Zeit überhört.

Schalten Sie zwei Gänge zurück. In dieser schnelllebigen Zeit kommt man langsam fahrend über Abkürzungen schneller zum Ziel, wenn man seiner inneren Stimme wieder Gehör verschafft.

Lenken Sie Ihre Aufmerksamkeit auf sich und Ihre Bedürfnisse. Was wollen Sie? Hören Sie genau hin. Und dann lauschen Sie einfach weiter und weiter. Je öfter Sie dies tun, umso mehr wird ein Dialog zwischen Ihnen und Ihrer inneren Stimme stattfinden.

Ihre Stimme wird lauter und lauter, klarer und klarer. Und irgendwann werden Sie gar nicht mehr großartig nachdenken müssen, weil Ihre innere Stimme Ihnen schon prompt die Antwort geliefert hat.

Wer in Kontakt mit seinem Herzen oder seinem Bauchgefühl steht, dort, wo unsere innere Stimme beheimatet ist, der hat die Chance, seine Ziele schneller zu erreichen, weil er sich viele Umwege in seinem Leben erspart.

26

EINZIGARTIGKEIT ERKENNEN

In sich hineinfühlen

ERKENNTNISSE ÜBER SICH SELBST

Es gibt Sie nur einmal auf dieser Welt. Das ist auch der Grund dafür, weshalb Ihr Leben und Ihre Tätigkeit nur von einer einzigen Person ausgeführt werden kann, nämlich von Ihnen.

Wenn Sie diese Erkenntnis verstanden haben, werden Sie mit einer gewissen Gelassenheit und Leichtigkeit durch das Leben gehen, denn niemand kann Ihnen das Wasser reichen, wenn Sie Ihrer wahren Berufung folgen.

Jeder Mensch hat auf Erden seine ganz bestimmte und individuelle Aufgabe zu erfüllen. Wenn Sie diese für sich entdecken und erkennen, öffnet sich eine jede Tür für Sie.

Kennen Sie bereits ein paar Ihrer Alleinstellungsmerkmale, die Sie anhand der Beschäftigung mit Ihren persönlichen Stärken ausfindig machen können? Falls nein, begeben Sie sich auf Entdeckungstour. Das ist kein Tagesausflug, sondern eine Weltreise. Also haben Sie Geduld. Die Welt lässt sich nicht in ein paar Tagen zu Fuß umwandern.

27

SELBSTBEWUSSTER WERDEN

Aufrecht durch das Leben gehen

SICH BEWUSST MACHEN, WER MAN IST

Wissen Sie bereits, wer Sie sind? Diese Frage ist elementar, wenn Sie selbstbewusst sein möchten. Selbstbewusst zu sein bedeutet nämlich nichts anderes, als sich dessen bewusst zu sein, wer man eigentlich selbst ist.

Selbstbewusstsein hat nichts mit Arroganz gemein. Arroganz beschreibt etwas anderes. Selbstbewusst zu werden bedeutet, seinen wahren Wesenskern zu entschlüsseln und herauszufinden, wer man wirklich ist. Dadurch gewinnt man an Größe und Aufrichtigkeit, nicht nur sich selbst gegenüber.

Es klingt so einfach, seine Stärken zu erkunden, seine Einzigartigkeit zu entdecken und zu entschlüsseln, wer man wirklich ist. Aber es ist sehr schwierig. Nehmen Sie die Herausforderung an?

Es ist für die Reise zu sich selbst, zu einem freien, selbstbestimmten, erfolgreichen, glücklichen und gesunden Leben unausweichlich.

28

HERZENSWÜNSCHE ENTDECKEN

Wünschen Folge leisten

AUF DAS EIGENE HERZ HÖREN

Haben Sie auch schon Herzenswünsche in Ihr Notizbuch geschrieben? Möglicherweise noch nicht.

Wünsche hat jeder, aber Herzenswünsche sind oft tief verborgen und müssen erst einmal geborgen werden. Wenn man sich auf die weite Reise zu sich selbst begibt, um herauszufinden, wer man wirklich ist, oder um seine eigenen Stärken und seine Einzigartigkeit zu erfahren, kann es hilfreich sein, sich immer wieder aus dem hektischen Leben zurückzuziehen. So ist es auch bei der Frage nach den Herzenswünschen. Gehen Sie in einen Wald oder einen ruhigen Park. Setzen Sie sich an einen Fluss oder wandern Sie einen Berg hinauf. Es ist ganz egal. Sie müssen sich einfach wohlfühlen.

Die folgenden Fragen können Ihnen bei der Suche nach Ihren Herzenswünschen dienlich sein:

- Was möchte ich wirklich?
- Was fehlt mir zu meinem Glück?
- Wovon träume ich insgeheim schon sehr lange, aber ich habe mich bisher vielleicht noch nicht getraut, diesen Traum wahr werden zu lassen?
- Gibt es unerfüllte Kinderträume, an die ich mich jetzt wagen sollte?
- Haben andere etwas, das ich auch sehr gerne oder in ähnlicher Form gerne hätte?

Es kann sehr schwerfallen, solche Fragen zu beantworten. Geben Sie sich die Zeit, die Sie für die Beantwortung benötigen. Heute müssen Sie sich selbst noch keine vollständigen Antworten geben.

29

ARBEITEN ODER BERUFEN SEIN?

Dem inneren Ruf folgen

ZU ETWAS BERUFEN SEIN

Es ist ein sehr großer Unterschied, einer Arbeit nachzugehen oder einen Beruf auszuüben. Arbeiten zu gehen bedeutet, für jemanden entgeltlich etwas zu erledigen oder auszuführen. Einen Beruf üben Sie eigentlich aus, wenn Sie Ihrem inneren Ruf folgen und das Gefühl haben, genau diese Tätigkeit von Herzen tun zu müssen.

Leider wird der Begriff "Beruf" heutzutage leichtfertig falsch verwendet, dadurch, dass die wahre Bedeutung zu sehr in Vergessenheit geraten ist. Das Wort "Beruf" ist nichts anderes als ein Teil des Begriffs "Berufung".

Es macht traurig, wie wenig die Menschen ihre Berufung wertschätzen und stattdessen einfach nur Tätigkeiten ausüben, die überhaupt gar nicht zu ihnen, ihrem Naturell und ihren Fähigkeiten passen.

Ihre Berufung ist mit das Wertvollste, was Sie auf Erden besitzen. Es ist der einmalige Grund, weshalb Sie hier auf Erden sind, um Ihren Seelenplan zu "erleben".

Finden Sie Ihre Berufung und leben Sie diese. Nichts wird Ihnen mehr Kraft und Energie schenken, als dieser nachzugehen.

30

CHANCEN ERKENNEN

Ablehnen oder zugreifen

MACHEN ODER BLEIBEN LASSEN

Erfolgreiche, selbstbestimmte und glückliche Menschen sind meistens wahre Meister darin, Chancen zu erkennen und diese "gewinnbringend" einzusetzen oder zu nutzen. Mit zunehmendem Erfolg ergeben und zeigen sich immer mehr Chancen, denn Erfolg ist unter anderem auch das Resultat wahrgenommener Möglichkeiten, die sich einem geboten haben. Je erfolgreicher man ist, umso mehr Chancen hat man wahrgenommen. Man könnte daher auch sagen, dass Erfolg zu einem großen Teil davon abhängig ist, wie viele Chancen man in seinem Leben ergriffen und genutzt hat. Das Gleiche betrifft die Themen Glück oder Gesundheit. Je mehr glückliche Momente man sich erschafft, umso glücklicher ist das Leben, das man führt. Und umso mehr man für seine Gesundheit tut, umso gesünder ist man. Das Leben kann sehr einfach sein. Wir machen es uns nur unnötig schwer.

Aber nicht jede Chance ist es wert, dass man sie umsetzt. Es gibt eine Reihe von Angeboten, die auf den ersten Blick zwar verlockend wirken, sich beim zweiten, genaueren Hinschauen aber eher als uninteressant darstellen. Man sollte sehr genau sondieren und nicht jede vermeintliche Chance als eine solche werten.

Chancen kann man nur erkennen, wenn man das eigene Ziel sehr genau kennt. Erst dann sind Chancen Wegweiser, Beschleuniger oder Unterstützer, die wie ein Turbo der Erreichung unserer Ziele dienen können.

Halten Sie die Augen und Ohren offen und schauen Sie bei der Erreichung auch nach links und rechts.

31

ENTSCHEIDUNGEN TREFFEN

Lebensveränderungen

DIE ZUKUNFT VERÄNDERN

Auf dem Weg zu einem selbstbestimmten, freien, glücklichen und zufriedenen Leben ist es notwendig, die richtigen Entscheidungen zu treffen. Kaum etwas hat mehr Einfluss auf unser Leben als Entscheidungen. Man muss es sich einmal verdeutlichen: Auch die kleinsten Entscheidungen haben einen Einfluss auf den Verlauf unserer Zukunft. Scheinbar unwichtige Entscheidungen können unser gesamtes Leben in die eine oder andere Richtung katapultieren. Das sollte uns stets bewusst sein. Das ist auch einer der Gründe, warum Entscheidungen stets mit Bedacht getroffen werden sollten.

Sich aus Angst vor einer falschen Wahl nicht zu entscheiden, stellt aber auch keine Alternative oder Lösung dar, denn wenn man sich selbst nicht entscheidet, dann übernimmt jemand anderes Ihre Wahl und bestimmt über Ihr Leben. Das ist noch schlimmer, als eine falsche Wahl zu treffen, denn bei der falschen Wahl lernen Sie noch aus gemachten Fehlentscheidungen. Treffen andere Personen die Wahl für Sie, sind Sie nicht mehr Herr über Ihr Leben und eine Marionette, die von anderen Menschen gesteuert wird. Das ist keine gute Wahl für ein freies Leben.

Entscheidungen zu treffen, vor allem die richtigen, ist daher essenziell für Ihr Leben und Ihren Erfolg.

32

VERTRAUEN IN SICH HABEN

An sich glauben

DER UNBEIRRBARE GLAUBE

Vertrauen ist alles. Vertrauen ist die Basis für eine jede Partnerschaft. Ohne Vertrauen ginge nichts. Aber wie ist es um das Selbstvertrauen, das Vertrauen sich selbst gegenüber bestellt?

Wenn Sie sich selbst nicht vertrauen und nicht an sich glauben können, wer soll es dann tun? Aus diesem Grund ist das Vertrauen in und der Glaube an sich von immenser Wichtigkeit, wenn wir im Leben Höhenflüge erreichen möchten.

Im Begriff "Vertrauen" ist auch das Wort "trauen" enthalten. Sich etwas zu trauen, bedeutet, mutig zu sein, etwas zu wagen. Vertrauen beinhaltet also auch immer den Aspekt des Mutes. Dies wird sehr deutlich, wenn es um die Thematik des Selbstvertrauens geht. Bei der Suche nach Selbstvertrauen oder beim Aufbau davon geht es also vorrangig auch immer darum, mutig zu werden und im Leben etwas zu wagen, nämlich das Leben selbst.

Glauben Sie an sich, dann haben Sie Selbstvertrauen. Und stellen Sie sich mutig den Herausforderungen des Lebens. Wagen Sie etwas in Ihrem Leben, dann haben Sie eine reelle Chance, ein freies, selbstbestimmtes, glückliches und zufriedenes Leben zu führen.

33

ENTTÄUSCHUNGEN BEWIRKEN VERÄNDERUNGEN

Das Ende der Täuschung

DIE WAHRHEIT HINTER DER TÄUSCHUNG

Es gibt zwei Möglichkeiten, mit Enttäuschungen umzugehen.

Die erste wäre, in negativen Gefühlen zu verharren, gefrustet, wütend oder traurig zu sein.

Die andere wäre, die Enttäuschung als etwas Positives zu betrachten, nämlich als das Ende einer Täuschung.

Sich getäuscht, eine falsche Wahl getroffen oder an die falschen Personen geglaubt zu haben, kann äußerst schmerzlich sein. Die Augen zuzumachen und so zu tun, als wäre nichts geschehen, wäre aber noch verletzender. Damit würden wir uns den eigenen Selbstwert nehmen und uns selbst kleinmachen.

Nehmen Sie die Enttäuschung deshalb bewusst wahr, und ignorieren oder verleugnen Sie diese nicht. Betrachten Sie die Enttäuschung als eine kleine Weggabelung in Ihrem Leben. Ziehen Sie die Konsequenzen daraus, und sehen Sie das Ende der Täuschung als einen kleinen Neubeginn in Ihrem Leben. Eigentlich kein Grund zu trauern, sondern ein Grund zu feiern.

Lassen Sie sich von Enttäuschungen nicht herunterziehen, auch wenn der Aufwachprozess noch so schmerzlich gewesen ist. Betrachten Sie die Enttäuschung stattdessen als eine Bewusstseinserweiterung zu einem ehrlicheren Leben ohne Täuschungen.

34

VERÄNDERUNGEN VERÄNDERN DAS LEBEN

Kleine Veränderungen bewirken Großes

DIE LEBENSRICHTUNG ÄNDERN

Ich möchte es an dieser Stelle noch einmal betonen: Kleinste Veränderungen verändern unser Leben. Und viele Veränderungen, die wir für uns treffen, seien sie auch noch so klein, können das Leben Ihrer Mitmenschen mit beeinflussen. Das ist so eine unvorstellbar große und wichtige Erkenntnis, die auf vielfältige Weise zeigt, welche ungeheure Kraft von einer einzigen Person – alleine durch ihr Handeln – ausgehen kann.

War Ihnen bewusst, wie mächtig Sie sind und welchen Einfluss Sie auf diese Welt nehmen können?

Wenn wir alle den Entschluss fassen würden, kleine Veränderungen in unserem Handeln durchzuführen, könnten wir diesen Planeten von unsinnigen und chaotischen Strukturen befreien und der Liebe einen fruchtbaren Nährboden auf dieser Welt bieten.

Wenn diese Erkenntnis über unsere Mächtigkeit verstanden wird, steht der Menschheit unmittelbar ein Quantensprung in Sachen Bewusstsein bevor. Denken Sie einmal intensiv über diese Zeilen nach.

Für Ihr Ziel, ein freies, selbstbestimmtes, erfolgreiches, glückliches, gesundes und zufriedenes Leben zu führen, genügt jedoch die Erkenntnis, dass alle Ihre Veränderungen, seien sie auch noch so klein, teilweise große Wirkungen auf Ihr Leben haben können.

Erfolg, Glück oder auch Gesundheit sind daher das Resultat von Veränderungen, die Sie in Ihrem Leben vornehmen.

35

NACH DEN STERNEN GREIFEN

Denken ohne Grenzen

GROSSE TRÄUME LEBEN

Um etwas Großes zu erreichen, müssen Sie groß denken und grenzenlos träumen.

Es spricht sehr viel dafür, nur im kleinen Rahmen zu träumen. Erstens sind diese Träume nicht so anstrengend umzusetzen. Und sie lassen sich schnell realisieren. Zweitens bekommen Sie nicht so viel Kritik von Ihren Mitmenschen, wenn Sie ihnen offenbaren, was Ihre Pläne sind. Und drittens ernten Sie auch keinen Hohn oder Spott für Ihre Vision. Man belächelt Sie nicht. Im Grunde genommen tut man sich keinen Gefallen, wenn man große Träume leben möchte.

Aber dennoch tun es einige. Sie wagen es, groß zu träumen. Warum nur? Die großen Träume haben eine wunderbare Eigenschaft, die kleine Träume nicht besitzen. Sie haben die Fähigkeit, Sie aus Ihrem bisherigen Leben in ein neues zu tragen. Kleine Träume haben diese Fähigkeit nicht.

Wer daher aus seinem Leben etwas Besonderes machen möchte, muss groß träumen, ganz gleich, ob er dadurch Kritik erntet, ausgelacht oder verspottet wird. Große Denker wurden ebenso verspottet wie namhafte Erfinder oder Mediziner.

Lassen Sie sich nicht von dem Gelächter oder den Kommentaren anderer Menschen eingrenzen. Ihre Träume sind frei, so wie Sie.

36

UNZUFRIEDENHEIT NUTZEN

Die Kraft umlenken

UNZUFRIEDENHEIT ALS SPRUNGBRETT NUTZEN

Der Unzufriedenheit wohnt eine immense Kraft inne. Entweder wir nutzen diese Kraft als Motor oder Motivator zu einem besseren Leben. Oder aber die Kraft reißt uns in den Abgrund, und wir versinken in einem grauen, monotonen, langweiligen Leben am Rande von Depressionen.

Unzufriedenheit kann uns in den Himmel katapultieren, wenn wir die Kraft nutzen. Oder sie kann uns das Leben zur Hölle machen, wenn wir sie eben nicht nutzen. Wir haben die Wahl. Sie haben die Wahl.

Durch dieses Wissen um die Macht der Unzufriedenheit sind Sie jetzt in der Lage, Unzufriedenheit als Indikator zu nutzen, der Ihnen zeigt, dass irgendetwas in Ihrem Leben nicht rundläuft und Sie unglücklich sind.

Finden Sie die Gründe für Ihre Unzufriedenheit und ändern Sie diese. Wenn Sie die Gründe für Ihre Unzufriedenheit jedoch überhaupt nicht identifizieren können, gehen Sie in Gedanken zurück in Ihre Vergangenheit und erinnern Sie sich an Momente, in denen Sie noch glücklich waren. Stellen Sie sich die Frage, was in der Zwischenzeit passiert ist, dass Sie jetzt unzufrieden oder unglücklich sind. Möglicherweise hilft Ihnen dies, um die Gründe für Ihre Unzufriedenheit zu identifizieren.

Nutzen Sie die Kraft der Unzufriedenheit als Sprungbrett, um Veränderungen in Ihrem Leben zu bewirken und vorzunehmen.

37

OPTIMISTISCH SEIN

Das Leben positiv betrachten

OPTIMISMUS IST EINE FORM DER GELASSENHEIT

Auch wenn die Dinge, die auf der Erde geschehen, uns eigentlich täglich in den Wahnsinn treiben könnten, können wir trotzdem eine optimistische Lebenseinstellung haben und stets das Positive sehen, auch in den absurdesten Dingen.

Wir könnten es zwar verändern, aber dafür müsste das Kraft- und Machtbewusstsein der einzelnen Menschen etwas stärker werden. Sie müssten erkennen, über welche Kraft und Macht sie wirklich verfügen und wie einfach sie das Leben auf diesem Planeten in eine ganz andere Umlaufbahn bringen könnten.

Mit einer positiven Lebenseinstellung geht man nicht nur selbst leichter durch das Leben. Man reißt auch andere mit, wenn man ein zufriedener und ausgeglichener Mensch ist. Lachen ist die Sprache der Optimisten. Und Lachen ist gesund.

Wie ich in meinem Buch SIMPLY HEALTHY – EINFACH VOLLKOMMEN GESUND beschrieben habe, leben wir mit einer optimistischen Lebenseinstellung zudem wesentlich gesünder und länger. Das sollte doch schon Grund genug sein, an seiner Lebenseinstellung etwas zu verändern und Dinge gelassener zu betrachten, die um uns herum geschehen oder auch uns selbst betreffen. Ich weiß, das ist nicht einfach für den Anfänger in Sachen Optimismus. Es ist aber lohnenswert für den Weg zu einem freien, selbstbestimmten, erfolgreichen, zufriedenen, glücklichen und gesunden Leben.

38

GESTERN IST GESTERN

Im Jetzt leben

JETZT – HEUTE – HIER

Viele Menschen schwelgen in längst vergangenen Erinnerungen. Das mag vielleicht sehr schön sein, aber es ist keinesfalls gesund und gut, denn die Vergangenheit ist für immer vorbei. Wir können diese, auch wenn wir es noch so gerne wollen, auf dieser Welt nicht in unsere Gegenwart oder Zukunft zurückholen.

Alles das, was gestern war, kann heute schon anders sein. Ihr gestriger Erfolg mag Ihnen vielleicht noch die eine oder andere Tür öffnen, mehr aber auch nicht. Und Ihr gestriger Misserfolg ist heute schon so bedeutungslos, wie ein schlechtes Schulzeugnis in dem Moment bedeutungslos ist, in dem man dieses erhält, denn es repräsentiert vergangene Klassenarbeiten und Aufgaben.

Wenn wir verstehen, dass die Vergangenheit uns blockieren und lähmen kann, wenn wir gedanklich nur noch in dieser leben, dann sind wir in der Gegenwart angekommen und können uns ganz auf ein Leben im Jetzt einlassen. Und das ist sehr wichtig für unsere Entwicklung, unsere Gesundheit und unseren Erfolg.

Nicht nur, wenn wir uns Erfolg wünschen, müssen wir uns jeden Tag aufs Neue wieder alles beweisen, denn wir beginnen jeden Tag wieder ganz von vorne.

Ruhen Sie sich nicht auf den gestrigen Lorbeeren aus, sondern bleiben Sie am Ball. Holen Sie auch heute das Beste aus diesem Tag heraus und machen Sie diesen Tag zu Ihrem Tag!

39

WILLENSKRAFT & STREBSAMKEIT

Mächtige Erfolgswerkzeuge

ERREICHEN, WAS MAN ERREICHEN WILL

Willenskraft und Strebsamkeit sind zwei mächtige Eigenschaften auf dem Weg zum Erfolg, wenn nicht sogar die mächtigsten.

Können, Wissen und Talent bilden zwar ein gutes Fundament für den Weg zum Erfolg, aber der eiserne Wille und die Kraft, die diesen antreibt, sind viel entscheidender, wenn es darum geht, die Ziele, die man sich im Kopf gesetzt hat, zu erreichen.

Wenn Sie etwas von ganzem Herzen erreichen wollen, dann werden Sie dies auch ohne Zweifel erreichen können. Sie werden Möglichkeiten und Wege finden, um das Ziel zu erreichen. Es ist einzig und allein eine Frage der Zeit, bis Sie dies erreichen werden.

Beim Talent, Können und Wissen ist es etwas anders. Man kann viel Wissen, Können und Talent haben, allerdings ist dies nutzlos, wenn man überhaupt keine Motivation oder kein Interesse daran hat, ein bestimmtes Ziel zu erreichen. Hier bremst dann der Nicht-Wille, man will es einfach nicht.

Strebsamkeit bedeutet, nach bestimmten Zielen zu streben, also aus einer Eigeninitiative heraus etwas zu wollen.

Wenn Sie sich Ziele setzen, dann müssen Sie sich im Grunde immer fragen, ob Sie das Ziel wirklich erreichen wollen. Wenn dem so ist, haben Sie die besten Chancen, dies auch zu erreichen.

40

ZIELE SETZEN

An Zielen wachsen

ZIELE ERREICHEN

Wie ich bereits in Aspekt 23 "*Träume, Wünsche und Ziele notieren*" beschrieben habe, benötigen wir Ziele in unserem Leben, wenn wir ein selbstbestimmtes, freies, erfolgreiches, glückliches, zufriedenes und gesundes Leben führen möchten. Ohne Ziele irren wir sinnlos umher.

Im Folgenden gebe ich Ihnen eine Anregung, wie man dabei vorgehen könnte, sich Ziele zu setzen.

Sieben Schritte zur Zielerreichung

1. Zunächst ist es wichtig, ein Ziel zu haben, eines benennen zu können, es detailliert zu definieren und zu beschreiben. Hier können die folgenden Fragen helfen:
   - Was möchten Sie gerne erreichen?
   - Was wünschen Sie sich?
2. Notieren Sie sich Ihren Wunsch oder Ihr Ziel. Fixieren Sie das Ziel schriftlich.
3. Brechen Sie das Ziel in Zwischenziele herunter. Das Erreichen von Zwischenzielen wirkt motivierend.
4. Fehlt Ihnen noch etwas, um beginnen zu können?
5. Gibt es Hindernisse, die der Zielerreichung im Wege stehen?
6. Machen Sie sich Gedanken über einen Zeitplan. Kalkulieren Sie genügend Zeit ein, um das Endziel zu erreichen. Das Erreichen der Zwischenziele lässt sich zeitlich besser einschätzen. Auch deshalb wird das Ziel in Zwischenziele heruntergebrochen.
7. Beginnen Sie relativ zügig. Ein längeres Aufschieben lenkt uns meistens wieder vom Weg zum Ziel ab.

41

MEHR ALS 100 PROZENT GEBEN

Besser sein

NAHEZU PERFEKT WERDEN

Unser Schulbenotungssystem kennt nur die Noten von 1 bis 6 beziehungsweise an der gymnasialen Oberstufe noch das 15-Punktesystem. Ich bin ein totaler Gegner und Kritiker der Benotungssysteme, und ich finde, Kinder dürfen nicht benotet werden. Was sagen Noten schon aus?

Und außerdem kennen diese Benotungssysteme nur sehr gut bis schlecht (ungenügend). Sehr gut wären bei diesen Systemen demnach 100 Prozent. Und wie steht es mit besser als 100 Prozent? Gibt es nicht!

Gibt es doch! Wenn Sie aus dem normalen Leben "ausbrechen" und über den Tellerrand schauen möchten, dann müssen Sie auch das Benotungssystem sprengen.

Seien Sie besser, geben Sie mehr und legen Sie noch eine oder zwei Schippen drauf. "Nur" sehr gut zu sein, genügt nicht. Annähernde Perfektion ist mehr als 100 Prozent. Messen Sie sich nicht an den Besten der Besten, sondern an den Allerbesten der Allerbesten. Das soll Sie nicht unter Druck setzen. Es soll Ihnen Mut machen, denn als Allerbester hat man es extrem einfach, wenn es darum geht, sich oder etwas zu vermarkten. Das Beste wird allzu gerne vom Markt angenommen.

42

DIE MESSLATTE HÖHER LEGEN

Sich stets verbessern

IMMER BESSER WERDEN

Wenn wir wachsen möchten, dann müssen Ziele uns fordern. Tun sie das nicht, also unterfordern sie uns, dann wachsen wir nicht mehr. Wir bleiben auf der Stelle stehen. Das mag eine Weile lang auch ganz angenehm sein, beispielsweise dann, wenn wir gerade einen Wachstumsschub hinter uns haben und eine große Weiterentwicklung durchlebt haben.

Entwickeln wir uns aber längere Zeit nicht, dann kehrt Stillstand in unserem gesamten Leben ein. Dieser Stillstand ist eine sehr lähmende Kraft, die uns tief am Boden halten kann, wenn wir nicht dagegen ankämpfen und uns dieser widersetzen.

Ziele müssen uns fordern, sonst fördern sie uns nicht. Sie sind uns dann nämlich nicht mehr förderlich.

Davor, dass die Ziele immer größer werden, brauchen Sie sich allerdings nicht zu ängstigen, denn dies geschieht ganz automatisch. Die Ziele werden anspruchsvoller und größer, wenn wir den wirklichen Wunsch haben, uns weiterzuentwickeln. Wir fordern uns dann ganz automatisch immer weiter selbst heraus, bringen neue Gedanken und Ideen mit ins Spiel, und mit ihnen werden die Ziele größer.

Besser als 100 Prozent zu sein und sich zusätzlich auch stetig zu verbessern, bedeutet im Grunde genommen nichts anderes, als sich immer weiter von der Masse abzuheben. Dinge sehr früh zu erkennen und ein Vorreiterwissen zu haben, gehört ebenfalls dazu. Wenn Sie das beherzigen, sind Sie bereits auf dem besten Weg, diese und die vorherige Regel umzusetzen.

43

PRIORITÄTEN SETZEN

Sich auf das Wesentliche konzentrieren

ENTSCHEIDEN, WAS WICHTIG IST

Für ein freies, selbstbewusstes, erfolgreiches und glückliches Leben muss man die richtigen Entscheidungen treffen. Eine wichtige Entscheidung im Leben wäre es, ab jetzt Prioritäten zu setzen. Man beschäftigt sich hauptsächlich nur noch mit den Dingen, die einem wichtig sind und die förderlich sind für die Erreichung der eigenen Ziele. Das klingt etwas egoistisch, und vielleicht mag es das auch ein wenig sein. Aber es ist auch nicht die Lösung, sich aufzuopfern und sich dabei vollkommen zu verlieren und zu vergessen, nur um es anderen Menschen recht zu machen.

Und wie verhält man sich, wenn man mehrere Dinge gleichzeitig tun könnte, die einem Freude bereiten oder die förderlich für einen sind? Welche Entscheidung trifft man in einem solchen Fall? Ein Patentrezept gibt es hier leider nicht, aber man kann nicht auf zwei Hochzeiten gleichzeitig tanzen, gerade auch dann nicht, wenn es sich um wichtige Dinge handelt, die einem besonders am Herzen liegen. Ich würde in einem solchen Fall auf mein Bauchgefühl hören und mich immer für die Sache entscheiden, die mir langfristig betrachtet eine bessere Perspektive bietet.

Lernen Sie, Prioritäten im Leben zu setzen. Das ist ein wichtiger Baustein auf dem Weg zu Freiheit, Selbstbestimmung, Glück, Gesundheit und Erfolg.

44

ENERGIERÄUBER VERBANNEN

Eigene Kräfte wahren

POSITIVE ENERGIEN BEHALTEN

Sicherlich kennen Sie das folgende Phänomen: Sie sind positiv gestimmt, das Glück ist Ihnen gerade wohlgesonnen und plötzlich klingelt Ihr Telefon. Ein Freund ist am Apparat und erzählt Ihnen wieder einmal von seinen scheinbar unlösbaren Beziehungsproblemen. Und nach einem etwa dreißigminütigen Telefongespräch fühlen Sie sich so, als hätten Sie jetzt diese Probleme. Rein energetisch betrachtet ist es auch ungefähr so. Die geballte negative Energie dieser Probleme lastet jetzt auf Ihren Schultern. Und Ihr positives Gefühl ist Ihnen einfach entronnen. Wenn Sie genau wissen möchten, wo Ihr gutes Gefühl ist, so fragen Sie doch Ihren Freund. Ihm wird es nach dem Telefongespräch mit Ihnen deutlich besser gehen als vorher.
Was ich Ihnen hier beschreibe, ist der Energieaustausch zwischen zwei Menschen, die, energetisch betrachtet, unterschiedlich geladen sind und sich nach einem solchen Gespräch, energetisch betrachtet, einander angenähert haben.

Wie kann man so etwas vermeiden? Zunächst einmal: Energie kann einem überall abhandenkommen. Es sind nicht nur die "guten" Freunde, die einen herunterziehen können. Es können auch die eigene Familie, völlig fremde Menschen oder Situationen sein, die uns unserer Kräfte berauben. Daher rührt übrigens auch der Satz "Du raubst mir meine Kraft".

Vermeiden kann man einen solchen "Energieentzug" im Grunde genommen nur, indem man solche Personen emotional nicht mehr an sich heranlässt und sich stattdessen mit Menschen umgibt, die eine positive Grundstimmung haben.

45

STRENG GEHEIM

Pläne alleine schmieden

DIE NEUESTEN PLÄNE FÜR SICH BEHALTEN

Wenn Sie neue Pläne schmieden, Ihre Gedanken kreisen und es bei Ihnen nur so vor Ideen sprudelt, dann behalten Sie diese erst einmal für sich. Sie sind gerade in einem kreativen Prozess und andere, denen Sie beiläufig davon erzählen möchten, befinden sich gedanklich gerade ganz woanders. Sie könnten gar nicht emotional nachempfinden, welche grandiosen Einfälle Sie gerade haben.
Wenn Sie dann davon berichten, würde Ihr Gegenüber Sie nur aus Ihrer Kreativität ziehen. Es ist eher eine Seltenheit, dass Sie Ihr Gegenüber begeisternd mit in Ihre Ideenwelt ziehen.

Im Folgenden möchte ich Ihnen fünf Gründe benennen, weshalb Sie Ihre Pläne zunächst für sich behalten sollten:

1. Sie lassen sich nicht entmutigen.
2. Sie umgehen viel Kritik, Hohn und Neid, wenn Sie schweigen.
3. Sie bekommen keine “tollen” Ratschläge von Menschen, die keine Ahnung von dem haben, was Sie tun.
4. Sie ersparen sich sehr viel Zeit und Nerven.
5. Man stiehlt Ihnen nicht die Idee. Leider geschieht das heutzutage immer mehr. Sprechen Sie daher nur mit sehr vertrauten Menschen darüber.

46

MOTIVE MOTIVIEREN

Nichts motiviert mehr

MOTIVE & MOTIVATION

Wie kann man sich selbst motivieren? Das ist eigentlich sehr einfach. Man muss nur die Dinge tun, die man von ganzem Herzen liebt. Dann ist die Motivation hinfällig, denn man hat sein Motiv, beispielsweise die Liebe zur Heilkunde oder zur Musik, bereits gefunden.

Wenn Sie sich richtig stark in Ihrem Leben motivieren möchten, dann finden Sie die Motive Ihrer Ideen, Pläne und Wünsche.

Motive sind nichts anderes als der Grund, weshalb Sie etwas erreichen, sein oder haben möchten. Entdecken Sie diese Gründe für sich, dann haben Sie den Schlüssel gefunden, der Sie motiviert und zu Höchstleistungen animieren kann.

Folgende Fragen können dabei helfen, Ihr Motiv zu finden:

- Was lieben Sie?
- Womit beschäftigen Sie sich gerne?
- Was sind Ihre Hobbys und Leidenschaften?
- Was würden Sie tun, wenn Sie alles tun könnten und es keine Grenzen gäbe, die Sie daran hindern?
- Benennen Sie Dinge, die Sie in den letzten sieben Tagen getan haben, als Sie ein paar Minuten Zeit hatten.

47

GRENZEN ÜBERWINDEN

Selbstentlassung

GRENZEN & BEGRENZUNGEN

Im Leben begegnen uns Grenzen als Mauern, Zäune oder Wasser. Und wenn wir uns direkt vor ihnen befinden, blockieren sie uns den Weg, sie schränken uns ein. Aber wer ein freies, selbstbewusstes, erfolgreiches, zufriedenes oder glückliches Leben leben möchte, der lässt sich nicht in gefängnisartigen Strukturen einsperren. Erfolgreiche Menschen lassen sich nicht eingrenzen. Sie zerreißen die angelegten Fesseln, sprengen die Fußketten, verbiegen die Eisengitter vor Fenstern und Türen und überwinden jede Grenze. Doch was bedeutet das genau?

- Grenzen sprengt man, wenn man sich neuen Herausforderungen stellt.
- Grenzen verschiebt man, wenn man erfolgreich gegen den inneren Schweinehund angekämpft hat und dabei ist, den Sieg einzufahren.
- Grenzen überwindet man, wenn man sich weitestgehend frei von Verpflichtungen macht und (von) seine(r) Passion leben kann.
- Grenzen sind keine Grenzen mehr, wenn man über sie hinauswächst (Wachstum).

Sie können sich Folgendes merken: Alle Grenzen sind zu vernachlässigen, wenn man sich immer wieder aufs Neue herausfordert, seinen inneren Schweinehund fest im Griff hat, seinen Leidenschaften nachgehen kann und sich stets weiterentwickelt.

48

MISSERFOLGE & CHANCEN

Beobachte dich selbst

MISSERFOLGE SIND CHANCEN

Einen Misserfolg zu erleiden, kann zweifelsohne eine bittere Erfahrung sein. Aber wie wäre es, wenn man das Scheitern, Versagen oder wie auch immer man den Misserfolg im Volksmund betitelt einfach als Chance wertet, es beim nächsten Mal einfach besser zu machen? Das wäre doch eine wirklich tolle Betrachtungsweise, denn das sind Misserfolge: Sprungbretter zum Erfolg. Wenn es beim ersten Mal nicht geklappt hat, dann springt man beim zweiten oder dritten Mal eben etwas weiter.

Bereits in der Schule wird uns beigebracht, dass man eine Prüfung oder ein Schuljahr wiederholen muss, wenn man etwas schlecht macht oder nicht besteht. Ich kann mich noch sehr gut an eine Situation erinnern, als wir in der dritten Klasse eine Fahrradprüfung bestehen mussten. Zwei oder drei Schüler haben diese nicht bestanden, weil sie kein Fahrrad und deshalb kaum Erfahrung mit diesem im Straßenverkehr hatten. Wie so viele Prüfungen hat auch diese für das zukünftige Leben keine besonders große Bedeutung. Und es hat die drei meines Wissens auch nicht sonderlich interessiert. Wie weit die drei Mitschüler damals schon waren, denn was machen wir heute für einen falschen Alarm darum, wenn wir etwas nicht schaffen oder einen Misserfolg erleiden. Dann setzt man sich bei einem Misserfolg eben noch einmal auf seinen Hosenboden und arbeitet etwas intensiver an seinem Erfolg.

Lassen Sie sich daher von Misserfolgen überhaupt nicht die Laune verderben. Nehmen Sie diese zur Kenntnis, und arbeiten Sie weiter an sich und Ihrem Lebenserfolg. Nur wenn Sie aufgeben, kann sich dieser nicht einstellen.

49

SICH SEINEM TRAUM HINGEBEN

Träume leben

DEN LEBENSTRAUM LEBEN

Es fällt vielen Menschen sehr schwer, sich ihren Lebensträumen hinzugeben. Sie haben diverse Ängste, die sie daran hindern, die Reise zu ihrem Traum anzutreten. Es kann beispielsweise die Angst vor dem Versagen sein, die sie davon abhält, oder auch die Angst davor, dass der Traum eine unrealistische Größe angenommen hat, der sie sich einfach nicht gewachsen fühlen. Oder aber für den Traum müssen Hindernisse oder Hürden überwunden oder auf sich genommen werden, wie zum Beispiel das Ablegen einer Prüfung oder der Besuch einer Schule oder Universität. Vielleicht ist das Leben des Traumes aber auch mit finanziellen Hindernissen verbunden.

Wenn Sie jedoch ein freies, glückliches, selbstbestimmtes, zufriedenes und erfolgreiches Leben führen möchten, dann sollten Sie sich im Klaren darüber sein, dass Sie Ihren wichtigen/Ihre wichtigen Lebensträume angehen und realisieren müssen. Daran führt kein Weg vorbei.

Ein jeder Mensch hat einen Lebenstraum, der die Lebensaufgabe hier auf Erden beinhaltet. Es handelt sich hierbei um etwas Großes und für Sie Essenzielles. Das spüren Sie daran, dass in Ihnen Kräfte erweckt werden, wenn Sie diesen Traum angehen. Es ist ein ähnlicher Zustand wie der des Verliebtseins. Sie schlafen weniger, sind leistungsfähiger, kreativer und gesünder. Sie spüren regelrecht, wie sich Ihre Lebensfreude und Lebenskraft multiplizieren. Und nicht zuletzt stärken Sie Ihre Verbindung mit dem Göttlichen, wenn Sie Ihrem inneren Ruf folgen und Ihren Lebenstraum leben.

50

DEN POINT OF NO RETURN ÜBERQUEREN

Die Rückkehr wird unmöglich

KEINE RÜCKKEHR ZUR NORMALITÄT MÖGLICH

Der Point of no Return beschreibt einen Zeitpunkt, an dem eine Rückkehr zum Ausgangspunkt nicht mehr möglich ist. So gibt es beim Start eines Flugzeuges beispielsweise einen individuellen Punkt auf der Startbahn, an dem das Flugzeug starten muss. Es kann bei der Überschreitung dieses Punktes nicht mehr abgebremst werden und muss dann abheben. Dieser Punkt wird als Point of no Return bezeichnet.

Aber an den Point of no Return kann man auch gelangen, wenn wir Freiheit, Selbstbestimmung und Erfolg anstreben, nämlich dann, wenn Sie Ihre Herzenswünsche verfolgen.

Wenn Sie sich einige Zeit mit Ihren eigenen Ideen, Träumen, Herzenswünschen und -angelegenheiten beschäftigt haben, dann entfachen Sie ein Feuer in sich. Zunächst will das Feuer noch nicht so richtig brennen. Das Holz ist nass, alte Gewohnheiten bremsen einen immer wieder aus. Aber dann, je länger und intensiver man sich seinen Herzenswünschen hingibt, entwickelt das Feuer in uns eine Eigendynamik und brennt so stark, dass es nicht mehr gelöscht werden kann. Wenn wir an diesem Punkt sind, überqueren wir den Point of no Return. Es ist der Zeitpunkt oder Zeitraum, an dem man zu seinem bisherigen bzw. normalen Leben nicht mehr zurück möchte und seinen Herzenswunsch oder Lebenstraum nicht mehr fallen lassen kann.

51

NEIN SAGEN

Eines der wichtigsten Wörter

NEIN

Eines der wichtigsten Wörter in unserem Leben sollte das Wort "nein" sein. "Ja" benutzen wir sehr gerne und viel zu häufig, sogar dann, wenn wir eigentlich nein sagen möchten.

Es fällt uns sehr schwer, nein zu sagen. Warum ist das so? Beispielsweise können Ängste dahinterstecken wie die, nicht zu gefallen oder von seinem Umfeld abgelehnt zu werden. Oder aber wir wollen einfach Streit vermeiden oder niemanden enttäuschen. Ein Nein kann wirklich schwer über die Lippen kommen. Aber warum sollte man eigentlich nicht nein sagen dürfen, wenn man etwas gefragt wird? Es gibt schließlich nur zwei Antworten – ja oder nein. Warum sollte man nicht wählen dürfen?

Wenn Sie ein freies, selbstbestimmtes, erfolgreiches, glückliches, zufriedenes und gesundes Leben anstreben, müssen Sie das Neinsagen unbedingt erlernen, ansonsten werden Sie Ihrer bisherigen Tretmühle nicht entkommen können. Ein Nein schützt Sie beispielsweise davor, dass Sie nicht in Funktionen und Rollen gedrängt werden. Oder davor, dass Sie das Leben Ihrer Mitmenschen leben.

Drei Tipps zum Neinsagen:

- Antworten Sie nicht sofort auf Fragen, die man Ihnen stellt. Nehmen Sie sich Zeit und antworten Sie dann, wenn Sie wissen, was Sie möchten.
- Erfinden Sie keine Notlügen. Sagen Sie direkt und ehrlich "nein", wenn Sie ein Nein meinen.
- Rechtfertigen Sie sich nicht für Ihr Nein. Das schwächt Ihre Rolle. Wenn es angebracht ist, können Sie das Nein gegebenenfalls kurz begründen.

52

GESUNDER SCHLAF

Erholung für Körper, Geist und Seele

AUSREICHENDER SCHLAF

Sorgen Sie für einen ausreichenden Schlaf. Idealerweise gehen Sie abends früher schlafen und stehen morgens eher auf. Der Morgen gehört dann Ihnen. Während die Stadt noch schläft, kann man am besten kreativen Impulsen nachgehen. Man könnte auch gleich morgens in die Natur gehen und hat diese dann für sich ganz allein. Gerade in den Sommermonaten, wenn die Sonne schon früh aufgeht, ist dies besonders reizvoll. Aber auch in der dunklen Jahreszeit kann man früh am Morgen die Stille genießen und sich mental auf den Tag vorbereiten.

Sie können auch einmal ausprobieren, nachmittags zu schlafen. Das ist sinnvoll, wenn man ein Schlafdefizit hat und der Schlaf in den kommenden Nächten wahrscheinlich nicht genügen würde.

Sie werden feststellen, je mehr man sich seinem Lebenstraum nähert, umso weniger Schlafbedürfnis hat man. Mit dem Alter sinkt ebenfalls das Schlafbedürfnis.

Wenn man Stressphasen hatte oder krank war, erhöht sich dagegen für ein paar Tage oder Wochen das Schlafbedürfnis. Der Körper benötigt dann etwas mehr Zeit für seine Erholungs- und Reparaturarbeit.

Schauen Sie selbst, mit wie vielen Stunden Schlaf Sie zurechtkommen, so dass Sie ausgeglichen und fit für den Tag sind.

53

AUSREDEN

Sich selbst belügen

NIE WIEDER AUSREDEN

Jeder ist schon einmal in die Verlegenheit gekommen und hat nach Ausreden gesucht, um Mitmenschen eine Absage zu erteilen, weil man keine Kraft, kein Interesse oder keine Lust hatte, irgendetwas zu leisten, was andere sich von einem gewünscht haben. Warum tun wir uns in solchen Situationen so schwer und sagen nicht einfach die Wahrheit? Weil wir unsere Mitmenschen nicht verletzen möchten? Wäre gerade dann die Wahrheit nicht viel weniger verletzend? Und warum müssen wir uns ein schlechtes Gewissen durch die Unwahrheit aufbauen und uns selbst zur Lüge treiben lassen? Warum müssen wir uns überhaupt rechtfertigen, wenn wir jemandem einen Wunsch abschlagen oder etwas nicht möchten?

Müssen wir nicht! Zumindest dann nicht, wenn Sie jetzt etwas in Ihrem Leben ändern möchten und ein freies, selbstbestimmtes, erfolgreiches, glückliches und gesundes Leben anstreben.

Ausreden sind etwas für Menschen mit einem niedrigen Selbstwertgefühl. Sie sind ein freier Mensch. Sie können selbst entscheiden, was Sie möchten und was nicht. Sie brauchen sich für eine Absage nicht zu rechtfertigen, die Sie vergeben. Wenn etwas nicht zu Ihrem Leben passt oder nicht passend für Sie ist, dann sagen Sie dies ohne jegliche Ausflüchte oder merkwürdiges Drumherumgerede. Direktheit, Ehrlichkeit und Klarheit machen Sie unangreifbar.

54

SACKGASSEN & EINBAHNSTRASSEN

Zeit zur Umkehr

180-GRAD-WENDE

Im Straßenverkehr unterscheiden sich Sackgassen von Einbahnstraßen deutlich. Am Ende der Sackgasse muss man am Wendekreis wenden und den gleichen Weg zurückfahren, wenn man die Straße wieder verlassen möchte. Bei der Einbahnstraße darf man die Straße nur in eine Richtung befahren. Wehe dem, der beim ersten Durchfahren an seinem Ziel vorbeigefahren ist. Er muss mit großem Aufwand einen neuen Anlauf nehmen. Beide Straßenarten können uns das Autofahren schon etwas erschweren, wenn wir ein Ziel erreichen möchten.

Auf dem Weg zum Erfolg unterscheiden sich die Einbahnstraßen von den Sackgassen allerdings nicht wirklich. Beide sind nicht gut für ein freies und selbstbestimmtes Vorankommen.

Es handelt sich hierbei um Straßen und Wege, die uns im Leben einengen und uns unsere Flexibilität nehmen.

Auf dem Weg zu einem selbstbestimmten und freien Leben gibt es allerdings keine Begrenzungen, eingrenzenden Vorgaben oder faulen Kompromisse, die einschränken. Aus diesem Grund sollten Sie von solchen “Angeboten” in Ihrem Leben Abstand nehmen, wenn diese Sie einengen, mögen sie auf den ersten Blick auch noch so verlockend klingen. Nehmen Sie dann einfach eine 180-Grad-Drehung vor, um auf freien Straßen Ihrem Lebenssonnenaufgang entgegenzufahren.

55

FAIRNESS LEBEN

Der gute Umgang miteinander

BEKOMMEN, WAS MAN GIBT

Fairness ist ein ehrlicher, gerechter und seriöser Umgang miteinander. Aber auch das Halten an Absprachen, Regeln und Vereinbarungen fällt unter den Begriff "Fairness".

Erfolg, Glück und Zufriedenheit lassen sich auf zwei Möglichkeiten aufbauen. Auf Fairness oder Unfairness und Ungerechtigkeit. Ich rate Ihnen dringend dazu, ein Leben und auch eine Unternehmensphilosophie immer auf Fairness aufzubauen. Aber einigen Unternehmern scheint dies egal zu sein. Sie bauen ihr Geschäftsmodell auf Unfairness und Ungerechtigkeit auf. Damit mögen sie vielleicht einen kurzfristigen Erfolg erzielen, aber mittel- bis langfristig werden sie damit immer scheitern, denn Ungerechtigkeit und Unfairness setzen sich niemals durch. Im Gegenteil: Derjenige, der dies wissentlich praktiziert, bekommt die gleiche Energie zurück, die er ausgesendet hat. Er wird also früher oder später daran scheitern.

Halten Sie sich von unfairen Menschen fern. Sie rauben Ihnen nicht nur Ihre Energie, sondern sie werden Sie auch betrügen, schädigen oder verletzen.

56

DISZIPLIN ERLERNEN

Das Feuer entfachen

DISZIPLIN IST ERLERNBAR

Will man den eingeschlagenen Kurs im Leben verändern, dann führt an Disziplin kein Weg vorbei. Ohne Disziplin wird man seinen Kurs nicht ändern können. Unter Disziplin wird unter anderem das Beherrschen des eigenen Willens verstanden.

Disziplin erlangen wir, indem wir uns zunächst kleine Ziele und klare Zeiten setzen, auf die wir dann penibel hinarbeiten.

Wer mit Disziplin oder einem disziplinierten Verhalten noch nicht so große Erfahrungen machen konnte, dem wird es anfangs recht schwerfallen, von null auf hundert zum Superdisziplinierten zu werden. Aus diesem Grund würde ich Ihnen raten, klein anzufangen, wenn Sie sich Disziplin im Leben aneignen möchten.

Setzen Sie sich beispielsweise zum Ziel, jeden Morgen Ihren Schreibtisch abzuwischen oder zu Hause zu saugen. Damit bringen Sie nicht nur positive Energie in Ihr Heim, sondern Sie programmieren sich ein diszipliniertes Verhalten an. Auf diese Art und Weise können Sie sich für jede beliebige Tätigkeit ein diszipliniertes Verhalten antrainieren.

Es gibt keinen Erfolg ohne Disziplin.

57

HÖHEN & TIEFEN

Die Wellen des Lebens

DIE HÖHEN UND TIEFEN DES LEBENS

Wie Sie bereits erfahren haben, leben wir in einer Welt der Polarität. Alles hat seine zwei Seiten: Es ist eine Welt der Gegensätze, und wir existieren mittendrin.

Unser Leben spielt sich immer zwischen zwei Polen ab. Mal befinden wir uns mehr bei dem einen, dann mehr bei dem anderen Pol. Wir bewegen uns zwischen diesen. Alles auf dieser Welt tut dies. Mal schlafen wir gut, dann mal schlecht. Mal stehen wir früh auf, dann wieder später. Mal essen wir viel, dann wieder weniger.
Alle Gegebenheiten auf der Erde unterliegen diesen Wanderungen zwischen den Polen, so zum Beispiel auch Aktienkurse. Sie bewegen sich nicht nur nach oben. Sie werden irgendwann auch wieder fallen. Und jeder Mensch durchlebt in seinem Leben einmal Höhenflüge und, nachdem man vielleicht gerade eben noch den Gipfel berührt hat, dann geht es wieder abwärts, um sich für die nächste Welle nach oben vorzubereiten. Das Leben befindet sich stets im Fluss zwischen den Polen.

Manche Menschen nehmen die “Abwärtswellen des Schicksals” allerdings etwas persönlich. Sie hadern mit dem Schicksal und fühlen sich als Verlierer oder Versager. Sie akzeptieren und verstehen nicht das Lebensgesetz, das für Ihren momentanen Misserfolg verantwortlich ist. Und sie akzeptieren auch einfach nicht, dass auf eine gute Zeit eine schlechtere folgen kann.

Nur derjenige, der versteht, dass das Leben nicht nur aus Höhenflügen bestehen kann, ist reif für ein erfolgreiches, glückliches, zufriedenes und optimistisches Leben.

58

GEBEN & NEHMEN

Ein ausgleichendes Lebensgesetz

MAN BEKOMMT, WAS MAN GIBT

Wer ein freies, erfolgreiches, selbstbestimmtes und glückliches Leben leben möchte, der sollte auch ein Verständnis vom Geben und Nehmen haben. Dieses Wissen sollte eigentlich eine Selbstverständlichkeit sein, aber viele Menschen haben das anscheinend vergessen. Sie haben sich zu egoistischen Vampiren entwickelt, die jederzeit und überall nur ihrem eigenen Interesse hinterherlaufen und sich ausschließlich um ihr eigenes Wohlergehen kümmern. Was diese Menschen vergessen haben oder nicht wissen, ist, dass die Lebensgesetze dieses Ungleichgewicht korrigieren und ausgleichen werden. Sie werden also in anderer Form dafür bezahlen müssen.

Es ist ein ganz einfacher Sachverhalt: Man erhält nur, wenn man auch etwas gibt. Das muss nicht unbedingt in Form von Geld geschehen. Das kann auch auf andere Art und Weise geschehen. Wer sich beispielsweise zusätzliches Wissen aneignen möchte und sich für eine Weiterbildung entscheidet, der bezahlt in Form von Geld oder zumindest mit seiner investierten Zeit dafür. Geben und Nehmen gleichen sich in unserer Welt immer aus.

59

INVESTITIONEN TÄTIGEN

Klug investieren

DIE BESTE INVESTITION

Eine besondere Form des Prinzips von Geben & Nehmen ist die Investition. Bei dieser hofft man darauf, dass man seinen Einsatz klug und sinnvoll investiert, um einen Mehrwert daraus zu erschaffen.

Mit Investitionen ist an dieser Stelle nicht unbedingt immer ein eingesetztes Kapital gemeint. Man kann auch in ganz anderer Form investieren. Zum Beispiel kann man sich Wissen aneignen und in Ausbildungen, Bücher, Seminare oder Weiterbildungen investieren. Auch das ist eine Form von Investition. Und heutzutage keine schlechte, denn je umfangreicher das eigene Wissen ist, umso mehr Möglichkeiten bieten sich einem im Leben, nicht nur in beruflicher Hinsicht.

Die beste Investition, die Sie in dieser Zeit auf dieser Welt leisten können, ist die Investition in sich selbst, denn nur diese kann Ihnen keiner nehmen. Wissen ist Macht. Vergessen Sie das nie. Alles andere kann Ihnen genommen werden. Ein Haus, ein Auto, ein Bankkonto oder ein Aktienportfolio. Denken Sie einmal in Ruhe darüber nach.

60

EMOTIONALE INTELLIGENZ

Emotionen wahrnehmen

EQ

Eine gewisse Intelligenz ist notwendig, um ein erfolgreiches Leben führen zu können. Weitaus wichtiger ist allerdings die emotionale Intelligenz, die immer weiter in den Vordergrund rückt.

Peter Salovey und John D. Mayer haben im Jahr 1990 über emotionale Intelligenz geschrieben und diese definiert.[2] Hierbei ging es um die folgende Fragestellung:

1. Einschätzung und Ausdruck von Emotionen
2. Regulationen von Emotionen
3. Nutzung emotionaler Intelligenz

Als emotionale Intelligenz kann man daher die Fähigkeit bezeichnen, Gefühle und Emotionen wahrzunehmen, einzuordnen, zu verstehen und zu beeinflussen.

Wer dazu in der Lage ist, seine eigenen Gefühle und die der anderen zu verstehen und diese zu hinterfragen, der ist anderen gegenüber, die nicht über diese Fähigkeiten verfügen, klar im Vorteil. Er kann Emotionen vielfältig vorteilhaft einsetzen, um seine Träume, Wünsche und Ziele zu realisieren.

---

[2] Peter Salovey, John D. Mayer: Emotional Intelligence, 1990, Baywood Publishing Co., Inc.
http://gruberpeplab.com/3131/SaloveyMayer_1989_EmotionalIntelligence.pdf
Abrufdatum: 28.12.2023

61

PIONIER WERDEN

Der Zeit voraus sein

DIE ZUKUNFT FAST SCHON KENNEN

Pioniere sind Wegbereiter. In der Forschung und Wissenschaft gibt es etliche, die uns den Weg zu einem "besseren" Leben bereitet haben. Ohne Pioniere wäre die Medizin heute nicht so weit. Man denke nur einmal an die moderne Chirurgie mit ihrer vielfältigen Transplantationsmedizin und an die laparoskopischen Eingriffe, nach denen man fast unmittelbar die Klinik schon wieder verlassen darf.

Pioniere sind der Zeit voraus und haben uns den Weg zu bahnbrechenden Veränderungen in unserem Leben gezeigt. Dinge, die man für unmöglich hielt, haben sie ermöglicht. Dafür wurden sehr viele Pioniere von der breiten Masse natürlich belächelt. Veränderungen werden nicht gerne angenommen. Die breite Masse ist träge, sowohl auf körperlicher als auch auf geistiger Ebene. Alles, was diese Trägheit überfordert, wird schlechtgeredet.

Wenn Sie ein freies, selbstbestimmtes, erfolgreiches, zufriedenes und gesundes Leben führen möchten, dann stellen Sie bitte immer alles – und damit meine ich: alles! – in Frage. Seien Sie offen für neue Gedanken, Ideen und Vorstellungen, auch wenn diese noch so absurd, unvorstellbar und verrückt klingen mögen. Nur das eröffnet Ihnen die Möglichkeit, zum Pionier zu werden.

62

ÄNGSTE BESIEGEN

Gelassen bleiben

SICH SEINEN ÄNGSTEN STELLEN

Jeder Mensch hat Ängste. Der eine hat Angst vor großer Höhe und traut sich nicht, zu fliegen oder mit dem Fallschirm abzuspringen. Ein anderer fürchtet sich vor Spinnen oder Schlangen. Und wieder andere haben Angst davor, jemandem die Wahrheit ins Gesicht zu sagen.

Sicherlich gibt es jetzt die ganz Mutigen, die diese Zeilen lesen und behaupten, keine Ängste zu haben. Ich möchte Ihnen Ihre Illusion nicht nehmen, wenn Sie dazugehören, aber weshalb lesen Sie dieses Buch? Sie wären schon längst frei, selbstbestimmt, erfolgreich, gesund und glücklich, wenn Sie keine Ängste hätten.

Wir als gesamte existierende Menschheit wurden systematisch in eine Matrix der Angst getrieben. Und diejenigen, die dafür verantwortlich sind, sind unsichtbar für uns. Wir Menschenmarionetten haben die Scheinkontrolle in diesem System übernommen und bestrafen in vielfältiger Weise diejenigen, die ein freies, selbstbestimmtes, erfolgreiches, gesundes und glückliches Leben anstreben. Auf welcher Seite stehen Sie? Denken Sie einmal über diese Worte nach.

Jeder Einzelne muss sich seinen Ängsten stellen, wenn er diese auflösen möchte. Etwas gelassener blickt man seinen Ängsten übrigens entgegen, wenn man sich aktiv in der Natur bewegt. Die Natur beruhigt uns und nimmt uns unsere Ängste.

Und auch wir als gesamte Menschheit müssen uns den Ängsten stellen. Nur auf diese Weise ließe sich ein freies und selbstbestimmtes Leben in Harmonie auf unserem Planeten realisieren.

63

MUTIG SEIN

Sich überwinden

NUR MUT

Nur Mut kann etwas verändern. Ohne Mut ist alles schon verloren. Aus diesem Grund gehört den Mutigen die Welt.

Wer mutig ist, dem wohnt eine große Kraft inne, denn er wagt etwas, für das es keine Garantie geben kann. Die Mutigen können nicht nur gewinnen, sie können auch verlieren und bei ihren Handlungen das eigene Leben verlieren.

Wer mutig ist, der hat die Kontrolle über sein Leben erlangt und lebt fast schon ein freies und selbstbestimmtes Leben.

Freiheit ist in unserer heutigen Zeit nur mit Mut zu erlangen. Es gibt keine alternativen Wege, die in die Freiheit führen.

Mutige haben ihre Ängste voll im Griff. Sie lassen sich nicht von ihren Ängsten lähmen.

Auf dem Weg zu einem rundum glücklichen und erfolgreichen Leben gehört auch Mut dazu. Entdecken Sie diesen bei sich, indem Sie sich Ihren Ängsten stellen. Spielen Sie alle Möglichkeiten in Ihrem Kopf durch, was passieren könnte, wenn Sie diese oder jene Handlung vollziehen. Auf diese Weise relativieren Sie Ihre Ängste.

64

MIT AUSDAUER GEWINNEN

Die Kunst durchzuhalten

EINFACH DURCHHALTEN

Steter Tropfen höhlt den Stein. Jeder kennt diese Redewendung, die eigentlich nichts anderes besagt, als am Ball zu bleiben.

Ausdauer ist die Kunst, durchzuhalten und beharrlich sein Ziel zu verfolgen, nicht vorschnell die Flinte ins Korn oder das Handtuch zu werfen.

Ausdauernd ist der Geduldige, der mit einer gewissen Gelassenheit und Ruhe seine Pläne verfolgt und seine Ziele umsetzt.

Ausdauer setzt eine gehörige Portion Selbstbewusstsein und Selbstvertrauen voraus. Wem diese Attribute fehlen, der kann nur schwerlich ausdauernd sein. Er würde sich von den Niederlagen und Misserfolgen auf dem Weg zu sehr irritieren und vom Weg abbringen lassen.

Wer Ausdauer hat, der lässt seine Mitbewerber, Mitstreiter oder Konkurrenten einfach im Regen stehen und fährt mit einer gewissen Leichtigkeit an ihnen vorbei.

Ausdauer ist eine Tugend, die auf dem Weg zu einem erfolgreichen, erfüllten, freien und selbstbestimmten Leben nicht fehlen darf, um dieses überhaupt erreichen zu können.

65

BALANCE HALTEN

Das innere Gleichgewicht wahren

DURCH DAS LEBEN BALANCIEREN

Der Erfolgreiche, Glückliche und Gesunde balanciert auf dem Drahtseil des Lebens, ohne dabei herunterzufallen.

Wer sich ein erfolgreiches Leben wünscht, der sollte das mit einer gewissen Gelassenheit angehen. Derjenige, der von heute auf morgen Vollgas und 100 Prozent gibt, der wird es schnell wieder sein lassen, sein gestecktes Ziel weiter zu verfolgen. Ihm wird einfach die Kraft fehlen, diese starken, lebensverändernden Prozesse dauerhaft aufrechtzuerhalten.

Der richtungsweisende Weg zum Erfolg sollte wie eine langsame Ernährungsumstellung erfolgen, bei der man peu à peu seinen Speiseplan von einer ungesunden zu einer immer gesünder werdenden Nahrung vollzieht.

Und beim Erfolgreichwerden müssen die Tagesprioritäten und Gewohnheiten auch langsam verändert und gelebt werden. Nur so erleidet man keine bittere Enttäuschung und fällt nicht wieder in alte Muster zurück.

Balance im Leben zu behalten bedeutet, dass man alles in Maßen tut. Das innere Gleichgewicht sollte gewahrt werden: Arbeitsphasen müssen mit Erholungsphasen ausgeglichen werden, und nach einer Anstrengung oder Anspannung muss eine Pause mit Ruhe folgen. Ansonsten werden wir Krankheit säen.

Anstrengung alleine führt nicht zum Erfolg.

66

DEN KURS KORRIGIEREN

Die Route anpassen

KURSKORREKTUREN VORNEHMEN

Auf dem Weg zum Gipfel ist es wichtig, immer wieder seine Route zu überprüfen und sie mit seinen Wanderkarten abzugleichen. Es kann nämlich mehr als nur hinderlich sein, von den Wegen abzukommen.

Ähnlich sollten wir auch bei unserem Streben nach Zielen vorgehen. Wir sollten immer wieder Kurskorrekturen vornehmen und schauen, ob der Weg, den wir gehen wollen, noch der beste und geeignetste ist. Nicht selten eröffnen sich Abkürzungen, durch die wir unser Ziel einfacher, schneller und gelassener erreichen können. Diese sollten wir nicht unbeachtet vorbeiziehen lassen und stur den ursprünglich geplanten Weg gehen.

- Auf dem Weg zu einem Ziel oder einem erfolgreichen, selbstbestimmten, freien, glücklichen und gesunden Leben sollten wir uns, unsere Arbeit, Tätigkeiten und Erledigungen stets in Frage stellen.
- Gleichen Sie immer wieder ab, ob Sie noch auf der richtigen Fährte sind.
- Verlassen Sie starr festgelegte Routen, wenn es notwendig ist. Seien Sie offen für Abkürzungen und neue Wege.
- Umgehen Sie mit Leichtigkeit unvorhersehbare Hindernisse, die Sie blockieren.

67

ALLES IST MÖGLICH

Unmögliches gibt es nicht

ALLES FÜR MÖGLICH HALTEN

Derjenige, der versteht, dass in unserem Leben absolut alles möglich ist, der ist denjenigen gegenüber, die das nicht glauben, klar im Vorteil.

Unser gesamtes Leben ist immer wieder voller Überraschungen. Die skurrilsten Dinge sind möglich. Was heute richtig ist, kann morgen schon falsch sein. Und was gestern unmöglich erschien, ist heute schon möglich.

Daher meine Aufforderung an Sie: Träumen Sie grenzenlos, ganz gleich, was Sie sich wünschen und wie Ihr Ziel lautet. Solange Sie es sich von ganzem Herzen wünschen und dafür "brennen", brauchen Sie sich keine Gedanken zu machen, ob Sie Ihr Glück auch wirklich finden werden, wenn Sie mit der Realisierung Ihrer Träume, Wünsche und Ziele loslegen.

Allerdings sollten Sie sich Gedanken machen, wenn Sie Ihre Träume hinter Gittern einsperren, weil Ihr Verstand Sie an der kurzen Leine hält und Ihnen zuflüstert: "Das ist unmöglich." Antworten Sie dann einfach gelassen und ruhig: "In meinem Leben ist alles möglich." Und wenn Sie dann auch noch aus einer tiefen Überzeugung das glauben, was Sie sich selbst gesagt haben, dann werden Sie Ihr Ziel erreichen. Sie wissen ja, der Glaube kann Berge versetzen.

68

SICH ENTWICKELN

Entdeckungsreise

DAS WAHRE ICH ENTDECKEN

Die Zeiten ändern sich. Und das taten sie schon immer, Generation für Generation und Epoche für Epoche. Und diejenigen, die mit der Zeit gehen und verstanden haben, dass man sich ständig an die mit ihr verbundenen Gegebenheiten anpassen muss, um ein gutes Leben führen zu können, gehörten nicht nur zu den Pionieren und Vorreitern dieser Welt. Sie haben auch Entwicklungen oder Prozesse vorangetrieben und die "Nase vorn" gehabt, weil sie deutlich besser waren oder einfach einen großen Vorsprung hatten.

Entwicklungen können aber auch etwas anderes bedeuten, nämlich, dass wir uns zu unserem Wesenskern, unserem wahren Ich vortasten und dieses für uns entdecken. Mit jedem Entwicklungsschritt kommen wir unserem Kern, dem Grund, warum wir hier auf Erden sind, immer näher.

Entwicklung ist nicht nur Vorankommen, sondern im Wesentlichen das Entdecken der eigentlichen Persönlichkeit.

Wenn Sie sich nach einem freien, selbstbewussten, erfolgreichen und glücklichen und nicht zuletzt auch einem gesunden Leben sehnen, dann begeben Sie sich auf die abenteuerliche Reise zu Ihrem Ich und finden Sie den verborgenen Schatz, der Sie als Mensch ausmacht. Kristallisieren Sie Ihr wahres Ich heraus.

69

AUFGEBEN

Ja oder nein?

DIE KUNST, IM RICHTIGEN MOMENT AUFZUGEBEN

Es ist eine wirkliche Kunst, darüber zu entscheiden, wann der richtige Zeitpunkt gekommen ist, um etwas aufzugeben oder weiterzukämpfen.

Grundsätzlich sollten wir immer für unsere Anliegen, Wünsche und Ziele kämpfen, wenn diese aus unserem tiefsten Herzen kommen und uns erfüllen.

Allerdings gibt es ein paar Indikatoren und Situationen, bei denen man den Kampf einstellen sollte. Es lohnt sich dann einfach nicht mehr und ist sogar hinderlich für die eigene Entwicklung und das Vorankommen.

Diese Indikatoren möchte ich Ihnen im Folgenden aufführen:

- Wenn Sie die Freude an einer Sache verloren haben, sollten Sie den Kampf beenden. Es würde Sie nur unglücklich machen weiterzukämpfen. Ganz gleich, was Ihr Ego Ihnen für Ratschläge gibt. Stellen Sie den Kampf ein.
- Hören Sie auf, wenn die Leichtigkeit an einer Sache verloren geht und Trägheit sich einstellt. Leichtigkeit ist der Weg zum Glück.
- Wenn der Kampf bereits hoffnungslos verloren ist, dann kämpfen Sie bitte auch nicht mehr weiter. Geben Sie erhobenen Kopfes auf, um Ihrem Selbstwert nicht zu schaden.
- Wenn eine Sache nur noch zur Routine geworden ist und Sie jede Sekunde langweilt, nervt oder schwermütig macht. Dann hören Sie bitte ebenfalls auf.

70

GEFÜHLEN VERTRAUEN

Gut zuhören

DIE GEFÜHLE BEACHTEN

Gefühlen zu vertrauen, ist, wie dem Herzen zu lauschen. Man muss behutsam hinhören, denn Gefühle sprechen meistens sehr leise zu uns.

Wenn wir sehr genau zuhören, können wir erkennen, dass Gefühle uns eine Richtung vorgeben. Durch sie werden neue Wege erkennbar. Wenn wir ihnen vertrauen, uns ihnen hingeben und ihnen folgen, leiten sie uns manchmal zu ganz neuen Ufern, die unsere Perspektive und unser Leben immens bereichern können.

Gefühle sind die Sprache unserer Seele, und zusammen mit Intuitionen sind sie ein wichtiger Kompass, der uns sicher durchs Leben leiten kann, wenn wir ihm achtsam vertrauen.

Im Allgemeinen sollten wir viel mehr auf unser Bauchgefühl hören. Die Umstände dieses Lebens haben uns immer mehr zu Kopfmenschen werden lassen. Jede Kleinigkeit versuchen wir, mit unserem Verstand zu erklären, dabei wäre die Antwort so einfach. Und nicht alles ist mit unserem Verstand erklärbar, weil wir viele Dinge einfach (noch) nicht verstandesmäßig erfassen können.

Wer ein wirklich freies, selbstbewusstes, erfolgreiches, glückliches und gesundes Leben führen möchte, der sollte seinen Emotionen vertrauen, seinem Bauchgefühl glauben und den Verstand manchmal etwas mehr besänftigen.

71

INNERE RUHE BEWAHREN

Die Kraft der Ruhe nutzen

DIE RUHE ZUR RECHTEN ZEIT

Leider leben wir heute in einer hektischen Zeit. Alles muss schnell gehen. Wir nehmen uns keine Zeit mehr für die einzelnen Dinge und erledigen vieles parallel. Was bei diesem Multitasking herauskommt, ist eigentlich nur oberflächlicher Humbug. Die Qualität bleibt auf der Strecke, es zählt nur noch Quantität. Aber mit einer solchen Einstellung kann man nichts Großes erreichen. Höchstens kann man sich einigermaßen im Mittelfeld über Wasser halten.

Einzigartigkeit, Qualität und Exzellenz entstehen aus der Ruhe heraus. Unter Stress, ganz nebenbei, lassen sich keine Höchstleistungen erbringen.

Wenn Sie eine stressige Zeit haben, dann beginnen Sie bitte nicht damit, sich mit Ihren Ideen, Plänen, Träumen und Wünschen zu beschäftigen. Bewahren Sie sich das für Momente auf, in denen Sie entspannt, gelassen und von einer tiefen Freude erfüllt sind. Nehmen Sie die positive Energie und die guten Gefühle mit in Ihre Projekte. Diese Leichtigkeit wird man hinterher spüren und wahrnehmen können, wenn Sie die Arbeit abgeschlossen haben.

Wer Erfolg haben möchte, sollte auch in stressigen und hektischen Phasen stets die Ruhe bewahren. Wenn alles drunter und drüber geht und Ihren Mitmenschen die Panik ins Gesicht geschrieben steht, sollten Sie ganz bei sich sein und entspannt Ihrer Arbeit nachgehen. Stress bringt keine besseren Ergebnisse. Wer das verstanden hat, bleibt möglicherweise eher in der Ruhe.

72

DIE KONTROLLE ÜBERNEHMEN

Kontrolle heißt Verantwortung

DAS EIGENE LEBEN STEUERN

Wer die Ruder seines Lebensschiffes in den Händen hält, ist der Kapitän seines Lebens.

Übernehmen Sie aus diesem Grund die volle Verantwortung für Ihr Leben, und beschreiten Sie Ihren ganz persönlichen und individuellen Lebensweg.

Erkennen Sie, dass niemand Ihr Leben besser lenken und steuern könnte, als Sie selbst das tun. Denn niemand weiß, was Ihnen wichtig ist. Nur Sie wissen ganz genau, wo Ihre Lebensreise hingehen soll, welche Wege Sie dabei nehmen und wo Sie einen Zwischenstopp einlegen möchten. Nur Sie wissen, für welche Dinge Sie die Route absagen, verschieben oder verlängern würden. Und nur Sie wissen, welche Gefahren Sie umfahren und welche Risiken Sie eingehen würden.

Niemand kann Sie ersetzen, denn keiner kennt Ihre Absichten, Gedanken, Ideen, Pläne, Träume und Vorstellungen von Ihrem Leben so detailliert wie Sie. Das ist auch der Grund, weshalb Sie niemals zu große Erwartungen in die anderen setzen sollten. Auch wenn sie ihr Bestes geben, es wird nie so gut für Sie sein wie das, was Sie selbst von sich fordern.

Behalten Sie die Kontrolle über Ihr Leben oder erobern Sie sich diese zurück.

73

ANPASSUNG & FLEXIBILITÄT

Beweglich agieren

KEINE UNTERORDNUNG

Wenn sich Bäume sanft dem Wind hingeben, Pflanzen lange Trockenperioden überstehen oder Chamäleons ihre Farbe wechseln, zeigt die Natur in vielfältiger Weise ihre Anpassungsfähigkeit und Flexibilität. Die Natur lebt uns vor, wie wichtig diese beiden Eigenschaften sein können. Die Bionik, eine Wissenschaft, die die Biologie und die Technik vereint, lernt von der Natur und nutzt diese nicht umsonst als Vorbild für neue Entwicklungen.

Anpassungsfähigkeit und Flexibilität sind zwei Eigenschaften, die man sich mit Bedacht aneignen und in sein Leben integrieren sollte. Bitte verwechseln Sie diese Attribute aber nicht mit Unterordnung. Beide Eigenschaften bedeuten in keiner Weise, dass man sich den anderen unterzuordnen und nach deren Pfeife zu tanzen hat.

Sie bedeuten stattdessen, dass man seine Engstirnigkeit und seinen Starrsinn aufgibt und den vielen Möglichkeiten, die uns das Leben bietet, offen gegenübersteht. Ein nicht festgefahrenes und wandlungsfähiges Denken, Handeln und Verhalten kann uns viele neue Betrachtungsweisen aufzeigen und uns ganz neue Möglichkeiten und Wege in unserem Leben eröffnen.

74

LEBENSIMPROVISATION

Kreativ sein

IMPROVISIEREN

Improvisation ist eine ganz besondere Fähigkeit, bei der man etwas aus dem Stegreif und ohne Vorbereitung mit vorhandenen Mitteln ausführt oder erledigt. Wer diese Form der Kreativität beherrscht oder sich diese antrainiert, ist in Situationen, in denen man spontane Entscheidungen treffen oder spontan handeln muss, deutlich im Vorteil.

Eine Voraussetzung, um improvisieren zu können, ist eine tiefe innere Ruhe. Wer sich nicht stressen und aus der Ruhe bringen lässt, kann auch in brenzligen Situationen noch entspannt sein. Er schafft es auch dann noch, Höchstleistungen zu erbringen.

Ein breitgefächerter Wissensschatz ist neben Ideenreichtum beim Improvisieren zwar förderlich, aber man kann sich den Zugang zu dieser "schöpferischen Kraft" antrainieren, indem man es einfach öfter tut.

Kreativität und Improvisation sind zwei Fähigkeiten, die man sich zu eigen machen sollte. Man wird nämlich immer wieder mit Überraschungen und unvorhersehbaren Ereignissen im Leben konfrontiert. Und dabei sind frische Inspirationen für das Finden von Lösungen immer dienlich.

75

GEWOHNHEITEN SCHAFFEN

Routinen einführen

TÄTIGKEITEN AUTOMATISIEREN

Gewohnheiten bilden eine Art Grundgerüst unseres Lebens. Durch das häufige Ausführen gleicher Dinge erschaffen wir uns Gewohnheiten, die schließlich zur Routine werden, wenn wir sie häufiger ausführen. Kein Mensch denkt morgens noch lange nach, wenn der Wecker klingelt. Man schaltet diesen aus, geht ins Bad, putzt sich die Zähne, duscht oder erledigt andere Dinge, mit denen man gewohnheitsmäßig morgens den Tag beginnt.

Gewohnheiten erleichtern uns sehr unseren Tag und unser Leben. Stellen Sie sich vor, Sie müssten noch großartig nachdenken, um diese Erledigungen ausführen zu können. Es wäre mehr als kräftezehrend, und Sie hätten höchstwahrscheinlich keine Kraft mehr für andere produktive und kreative Dinge. Gewohnheiten kosten uns deutlich weniger Energien, mentale und körperliche, als kreative Tätigkeiten. Uns stehen also mehr Energiereserven zur Verfügung, wenn wir viele Dinge automatisieren und zur Routine werden lassen.

Nutzen Sie diese magische Kraft, und lassen Sie Ihre Tätigkeiten zur Gewohnheit werden. Machen Sie sich einen Tagesplan, in dem Sie immer zur selben Zeit Ihre produktiven und kreativen Tätigkeiten einplanen und täglich ausführen. Sie werden erstaunt sein, wie gewohnt einfach diese Tätigkeiten dann für Sie sind, wenn Sie diese einige Zeit ausgeführt haben.

76

SICH NICHT VERGLEICHEN

Glücklich mit sich selbst sein

VERGLEICHE SIND KONTRAPRODUKTIV

Unser System auf Erden ist derzeit noch darauf ausgelegt, dass wir uns mit anderen vergleichen. Das beginnt bereits mit der Geburt. Bevor das Kind überhaupt ein halbes Jahr alt wird, finden diverse Kinderuntersuchungen statt. Bei diesen werden die Kinder nicht nur untersucht. Es werden auch Vergleiche mit der "Norm" gezogen. Wehe, das Kind wiegt zu wenig, zu viel, ist zu klein oder zu groß. Wehe, es spricht zu spät oder läuft zu spät. Bereits Kinder werden in Schemata und Tabellen eingeordnet und bewertet. Hier fehlt den Medizinern, neben dem entsprechenden Wissen, auch jede Menge Vertrauen und Intelligenz, was ja seit geraumer Zeit jedem aufgeweckten Menschen bekannt sein dürfte.
In den Schulen folgt dann die Leistungsunterteilung nach Klassen, Kursen und Schulen, Abiturnoten, Numerus clausus und so weiter und so fort.

Aber was bringen uns Vergleiche? Nichts! Sie sind nutz-, sinn- und zwecklos. Man erreicht dadurch nichts Positives. Im Gegenteil: Man verletzt, demütigt und entmutigt Menschen damit. Wenn man sich selbst so akzeptiert, wie man ist, sich so annimmt, wie die Schöpfung einen geschaffen hat, dann hat man keinen Druck, keinen Stress und erlangt inneren Frieden.

Vergleichen Sie sich nur mit sich selbst, zum Beispiel wenn Sie wissen möchten, ob Sie einen Entwicklungsfortschritt oder einen -rückschritt gemacht haben. Alle anderen Vergleiche zerstören nur Ihren Selbstwert, der für ein erfolgreiches, freies, glückliches und zufriedenes Leben aber elementar ist.

77

AUTHENTIZITÄT ERLANGEN

So sein, wie man ist

AUTHENTISCH WERDEN

Der Begriff "Authentizität" leitet sich vom griechischen Begriff *authentikós* ab und bedeutet wörtlich übersetzt "echt". Authentisch zu sein bedeutet demnach, echt zu sein.

Echtheit erlangt man, wenn man einfach so ist, wie man ist. Damit lebt es sich deutlich unbeschwerter, denn man schlüpft in keine Rollen, um nur die Erwartungen anderer Menschen zu erfüllen. Aber was wären das für Menschen, die einen nicht so akzeptieren und nehmen, wie man ist?

Authentische Menschen sind äußerst mutig, selbstbewusst und haben ein großes Selbstvertrauen. Sie haben meist kaum Ängste. Es sind oft Anführertypen, die den Ton angeben und sich von der Meinung anderer nicht aus der Ruhe bringen lassen. Sie bestimmen selbst über ihr Leben. Das macht sie interessant und einzigartig, weshalb sie auf andere Menschen meist so anziehend wie Magneten wirken.

Für ein freies, selbstbestimmtes, erfolgreiches, glückliches und zufriedenes Leben sollten Sie selbstbewusst und voller Vertrauen Ihre Träume, Wünsche, Pläne und Ziele verfolgen. Wenn Sie das tun und Ihrem Herzen folgen, werden Sie als authentisch wahrgenommen.

78

DANKBAR SEIN

Größer werden

DEM LEBEN DANKEN

Von ganzem Herzen dankbar zu sein, erzeugt ein wunderbar großes Gefühl in uns. Wir sehen die Welt urplötzlich mit ganz anderen Augen und werden von einer fast schon magischen Energie inspiriert. Wir fühlen uns reich beschenkt, sind fröhlich, glücklich und zufrieden und empfinden unser Leben als etwas ganz Besonderes. Wir gewinnen an Größe und Selbstbewusstsein und haben auch ein tiefes Vertrauen, dass wir auf Erden geleitet werden. Mitmenschen kommen auf uns zu, sprechen uns an und verspüren eine positive Veränderung an uns. Sie fühlen, dass wir im Reinen sind mit dieser Welt. Und in den Momenten der Dankbarkeit sind wir es auch tatsächlich.

Seien Sie dankbar für das Leben, das Sie durch Ihre Eltern, Großeltern und Vorfahren geschenkt bekommen haben. Danken Sie ihnen dafür. Auch wenn sie nicht mehr leben, danken Sie ihnen.

Danken Sie, dass Sie täglich zu essen haben. Dafür, dass Sie keinen Hunger erleiden müssen und gesund sind. Danken Sie für das Dach über Ihrem Kopf, das warme Bett und die Familienangehörigen, die Ihnen geblieben sind. Danken Sie für das, was Ihnen am Herzen liegt.

Notieren Sie sich 25 Punkte, für die Sie dankbar sein können. Sie werden spüren, dass auch Sie von dieser kraftvollen Energie der Dankbarkeit erfasst werden, die Sie zu einem anderen Bewusstsein führt.

79

VERGEBEN & VERZEIHEN

Beziehungsbereinigung

BEZIEHUNGEN KLÄREN

Vergeben und Verzeihen sind wichtige Prozesse in unserem Leben. Durch Vergebung erfahren wir und unser Gegenüber eine tiefe innere Reinigung.

Mit der Bitte um Vergebung möchten wir die Sache bereinigen, das innerlich belastende Gefühl klären und die Schuld, die auf uns lastet, vergeben (abgeben), weil wir sie einfach nicht mehr ertragen können.

Wie das Wort "Entschuldigung" bereits erkennen lässt, legen wir bei dieser unsere Schuldgefühle ab, auch wenn unsere Entschuldigung vom Gegenüber nicht angenommen wird. Sie lastet nicht mehr auf unseren Schultern.

Im Gegensatz dazu kann eine unausgesprochene und ungeklärte zwischenmenschliche Beziehung sehr belastend auf uns wirken, wenn unsere Gedanken immer wieder um diese Beziehung kreisen und wir innerlich keine Ruhe finden. Eine Entschuldigung bringt also wieder Harmonie zurück ins Leben.

Wenn wir verzeihen, dann nehmen wir jemandem seine Schuld, denn der Begriff "zeihen" bedeutet "bezichtigen, beschuldigen, vorwerfen". Mit einem Verzeihen heben wir es sozusagen wieder auf.

Vergeben Sie Ihren Mitmenschen und bitten Sie um Vergebung. Ungeklärte Beziehungen und Sachverhalte hindern Sie nur an einem freien und erfolgreichen Leben.

Und ganz wichtig:
Vergeben Sie auch sich selbst für all die Dinge, die Sie meinen, falsch gemacht zu haben.

80

DAS EGO

Das Ich

DAS EIGENE SELBSTBILD

Ego ist lateinisch und bedeutet nichts anderes als "das Ich". In der Psychologie wird das Ego als Vorstellung, die der Mensch von sich selbst hat, definiert. Oder anders ausgedrückt: Das Ego ist das eigene Selbstbild. Allerdings handelt es sich wirklich lediglich um die eigene Vorstellung von sich, die man nach außen in die Welt trägt. Mit dem wahren Bild vom Ich hat das Ego allerdings nichts zu tun.

Egoismus bedeutet, dass man seine Ego-Vorstellung "übertreibt". Es dreht sich dann ausnahmslos alles nur noch um das eigene Ich. Man eifert ständig nach Anerkennung, Lob und Respekt und fordert diese immer wieder von seinen Mitmenschen ein. Daher ist es ein wenig verwunderlich, wie falsch diese beiden Begriffe "Ego" und "Egoismus" heutzutage von der breiten Masse verwendet werden.

Wenn man sich um sein eigenes Vorankommen kümmert und seinen Fokus schwerpunktmäßig auf sich und sein Leben legt, ohne dass man dies großartig nach außen präsentiert und damit prahlt, kann man nicht von einem Ego-Problem oder von Egoismus sprechen. Hier werden Ausdauer, Motivation, Strebsamkeit oder andere Bausteine des Erfolgs fälschlicherweise dem Egoismus zugeordnet.

Für ein freies, erfolgreiches, glückliches, gesundes und selbstbestimmtes Leben spielt es nicht nur eine ganz entscheidende Rolle, welches Selbstbild wir von uns haben. Denn nur derjenige, der ein gutes Selbstbild von sich hat, wird selbstbestimmt und erfolgreich durch das Leben gehen können. Aber es spielt auch eine wichtige Rolle, dass wir uns aktiv um unsere Angelegenheiten, Erledigungen und um unser Vorankommen kümmern.

Ein positives Denken von Ihrem Ich ist also mehr als förderlich für ein rundum zufriedenes Leben.

81

WENIGER IST BESSER

Und besser ist mehr

MINIMALISMUS MACHT FREI

Haben Sie sich schon einmal Gedanken darüber gemacht, was man wirklich zum Leben braucht? Benötigen wir tatsächlich die volle Einkaufsvielfalt in den Warenhäusern und Supermärkten? Boten uns die früheren Jahrzehnte, beispielsweise die 1980er- oder 1990er-Jahre, nicht mehr Lebensqualität als unsere heutige Zeit? Denken Sie einmal darüber nach.

Wir leben in einer absoluten Überflussgesellschaft. Immer mehr, immer besser, immer größer, immer schöner, immer weiter, doch dadurch bleibt leider die Qualität auf der Strecke. Quantität statt Qualität. Und diese nicht förderliche Lebenseinstellung zieht sich durch unser gesamtes Leben, zumindest durch das vieler Menschen. Dabei ist weniger besser und besser mehr!

Wenn wir frei und selbstbestimmt leben möchten, dürfen wir uns von materiellen Dingen nicht abhängig machen. Weniger macht uns auf einfache Weise frei.

Wenn Sie weniger Stunden am Tag arbeiten, dafür aber intensiver, dann schaffen Sie sich für den Rest des Tages Freiräume. Wenn Sie weniger Projekte haben, sind diese in der Regel qualitativer, als wenn Sie an mehreren gleichzeitig arbeiten. Wenn Sie weniger essen, haben Sie mehr Energie und Kraft für andere Tätigkeiten als nur für das Verdauen der aufgenommenen Nahrung. Wenn Sie weniger Freundschaften haben, dann sind diese intensiver. Wenn Sie weniger Quadratmeter zu putzen haben, dann haben Sie mehr Freizeit. Wenn Sie weniger besitzen, haben Sie weniger Sorgen. Und wenn Sie weniger Sorgen haben, haben Sie ein schöneres Leben. Weniger ist häufig einfach viel besser.

Konzentrieren Sie sich auf das Erreichen eines gesunden, erfolgreichen Lebens in Glück, Harmonie und voller Freiheiten. Um ein solches Leben zu leben, benötigt man keine Besitztümer.

82

EHRLICHKEIT VORLEBEN

Sich nicht angreifbar machen

EHRLICHKEIT SIEGT NOCH IMMER

Wirklich aufrichtige und ehrliche Menschen trifft man heutzutage sehr selten. Aber woran liegt das?

Zum einen liegt es natürlich daran, dass Ehrlichkeit uns sehr stark verletzen kann, zum Beispiel dann, wenn wir unsere Sanftheit und Verletzlichkeit offenbaren (müssen). Ehrlichkeit kann daher manchmal auch sehr mutig sein, und nicht ein jeder kann diesen Mut aufbringen.

Ein anderer Grund kann sein, dass Ehrlichkeit in bestimmten Situationen unsere tatsächliche Schwäche zeigt. Und in dieser Welt ist Schwäche nicht nur uncool, sondern oft sogar ein K.-o.-Kriterium für bestimmte Dinge. Von daher sind Ängste hauptsächlich dafür verantwortlich, dass Menschen lügen.

Aber Unehrlichkeit verhindert Authentizität. Wer authentisch sein möchte, muss der Wahrheit ins Gesicht blicken. Lügen bringen uns nicht weiter. Sie verursachen Stress und schüren unnötige, unterbewusste Ängste davor, dass die Lügengebilde in sich zusammenfallen.

Lügen haben keinerlei Bestand. Früher oder später kommt die Wahrheit immer ans Licht.

Wer sich ein freies, selbstbestimmtes, erfolgreiches und gesundes Leben voller Glück aufbauen möchte, der muss auf Ehrlichkeit setzen. Damit schafft man nicht nur eine vertrauenswürdige Basis, sondern auch ein gutes Gefühl für sich und sein Gegenüber.

83

WERTE

Bedeutsame Wertvorstellungen

DIE EIGENEN WERTE BESTIMMEN

Man könnte Werte als bedeutsame Einstellungen, Überzeugungen, Vorstellungen und auch Ziele von unserem Leben beschreiben. Jeder Mensch hat persönliche Vorstellungen von dieser Welt und eigene Werte. Sie stammen vor allem aus unserer kindlichen Erziehung, also in der Regel von unserer Familie. Aber auch durch unseren Glauben, den Freundes- und Bekanntenkreis sowie durch Traditionen oder von Vorbildern, wie beispielsweise Popstars und Sportlern, stammen unsere Wertvorstellungen.

Aber nicht nur wir Menschen haben unterschiedliche Werte. Auch Unternehmen stehen für bestimmte Werte. Und nicht zu vergessen, fast die gesamte Bevölkerung eines Landes oder die Menschheit als Kollektiv hat auch "gemeinsame" Werte oder Wertvorstellungen, die uns über Medien, Politik und Wirtschaft schmackhaft gemacht und in den Mund gelegt werden. Heute ist es der Klimawandel und Klimaschutz, gestern war es der Schutz vor einem gefährlichen Killerkeim.

Werte verändern sich im Laufe der Zeit, sowohl die persönlichen als auch die der breiten Masse, wie ich gerade aufgezeigt habe.

Echte Werte können beispielsweise Gesundheit, Glück, Erfolg, Selbstbestimmung, Frieden, Freiheit, Sicherheit und vieles mehr sein.

Was sind Ihre Werte? Tragen Sie Ihre Werte und Wertvorstellungen zusammen, und notieren Sie diese dann in Ihrem Notizbuch, damit Sie diese immer wieder sehen und verinnerlichen können.

Für ein selbstbestimmtes, freies und erfolgreiches Leben sollten Sie klare Werte und Wertvorstellungen von Ihrem Leben haben. Die beiden Fragen "Was macht Sie aus?" und "Wofür stehen Sie?" könnten Ihnen dabei helfen, diese zu finden.

84

LOB

Ehrlich loben mit Gefühl

DIE RICHTIGEN WORTE ZUR RICHTIGEN ZEIT

Lob verbindet und verbündet Menschen miteinander.

Wenn wir unsere Mitmenschen loben, dann würdigen wir sie oder ihre gute Tat und äußern damit unsere tiefe Anerkennung. Dadurch stärken wir nicht nur die Beziehung und Bindung zum Gelobten, sondern wir motivieren ihn damit indirekt und als Nebeneffekt zu weiteren glanzvollen Leistungen. Lob spornt uns also an. Ehrlich gemeintes Lob ist daher nicht nur für den Gelobten eine Ehre, sondern es kann auch für den Lobenden nützlich sein. Daneben rückt öffentlich geäußertes Lob auch den Lobenden in ein gutes Licht und stärkt das Selbstbewusstsein und Selbstvertrauen des Gelobten. Lob ist daher eine regelrechte Win-win-Strategie der Erfolgreichen.

Wenn Sie ein selbstbewusstes, selbstbestimmtes und authentisches Leben anstreben, dann loben Sie Ihre Familie, Mitarbeiter, Kollegen, Freunde und Bekannten mit ehrlich gemeintem Lob. Äußern Sie positive Dinge, die diese Personen ausmachen. Sie werden erstaunt sein, wie viel Harmonie Lob in unser Leben ziehen kann.

85

ZUHÖREN

Im richtigen Moment schweigen

ANDEREN INTERESSIERT ZUHÖREN

Heute ist Zuhören fast schon eine Kunst in dieser Welt der Ich-Bezogenheit. Wir reden lieber selbst und hören uns am liebsten selber dabei zu. Vieles ist dabei so belanglos und uninteressant, dass es auch niemand gerne hören möchte. Wirklich ernsthafte und intensive Gespräche mit Tiefgang gibt es heutzutage kaum noch. Nur noch oberflächlicher Smalltalk. Das liegt aber natürlich auch daran, dass es immer weniger Menschen gibt, die sich die entscheidenden Fragen im Leben stellen.

Im entscheidenden Moment den eigenen Mund zu halten, kann sehr förderlich sein. Der Kluge hört immer genau hin. Zuzuhören zeugt von Respekt und Anerkennung. Man zeigt seine Wertschätzung.

Heutzutage wird viel Geld und Zeit in Psychotherapie investiert, weil kaum noch zugehört wird. Die Menschen haben sich sehr voneinander entfernt und entfremdet. Tiefes Vertrauen untereinander fehlt. Auch daher werden die Gespräche vorwiegend nur sehr oberflächlich gehalten.

Wir sollten sehr genau zuhören. Es ist gar nicht so leicht, sich dies anzueignen, wenn man es bisher nicht getan hat. Doch aktives Zuhören ist eine sehr wertvolle und auch nützliche Eigenschaft.

86

NIEMANDEN ÜBERZEUGEN

Sich nicht einmischen

DEN ANDEREN IHRE WAHL LASSEN

Es gibt Menschen, die mischen sich mit ihren gut gemeinten Ratschlägen und Tipps gerne in die Angelegenheiten anderer Personen ein. Das ist ein absolutes No-Go. Niemand darf einem anderen seine Meinung aufschwatzen. Das ist als Eingriff in die Privatsphäre zu werten. Und es fühlt sich für die Personen auch nicht besonders schön an, andauernd die Empfehlungen derjenigen zu hören, die sich einmischen.

Es zeigt, dass Sie Ihrem Gegenüber keine Akzeptanz, keinen Respekt und keine Wertschätzung entgegenbringen. Auch selbst dann, wenn die Ratschläge und Tipps wahre und wichtige Inhalte beinhalten und sehr hilfreich sein können, so sollte man mit Bedacht und Vorsicht vorgehen, wenn man trotz alledem einmal versuchen möchte zu helfen. Bedenken Sie aber, man wurde nicht gefragt und die anderen müssen ihre Erfahrungen in ihrem Leben selbst machen, auch wenn diese noch so schmerzlich sein können. Sie müssen diese einfach durchleben, um daraus zu lernen und daran zu wachsen.

Selbstverständlich müssen die nicht zu überzeugenden Personen im Gegenzug auch alleine die Konsequenzen für ihr Handeln und Tun tragen. Hier könnten wir zwar als Mentor auftreten, aber nur, wenn wir darum gebeten werden, und auch nur dann, wenn wir selbst Interesse daran haben, Hilfestellung zu leisten. Die Suppe, die sie sich durch ihr Handeln eingebrockt haben, müssen die anderen ganz allein auslöffeln – auch wieder, um daraus zu lernen und daran zu wachsen, ganz nach dem Motto: "Aus Fehlern lernt man."
Seien Sie daher sehr vorsichtig mit Empfehlungen, Ratschlägen und Tipps, wenn Sie nicht gefragt werden.

87

FREIHEIT (ER-)LEBEN

Unser aller Ziel

FREIHEIT ALS LEBENSZIEL

Freiheit ist das höchste Gut der Menschheit.

Freiheit ist ein Geburtsrecht. Allerdings leben wir nicht in Freiheit, auch wenn wir dies glauben. Und wir leben auch in keinem freien Staat mit einer Demokratie, wie inzwischen jeder aufgeweckte Betrachter der oft schon längst wieder vergessenen Coronaaufführung weiß.

Wir Menschen sind eingesperrt und leben alle in einem Gefängnis. In diesem herrscht nicht einmal eine Meinungsfreiheit. Mit unserer Geburt werden wir in dieses Systemgefängnis hineingeboren. Und wenn wir nicht das machen, was uns von oben vorgeschrieben wird, dann wird uns Bestrafung in jeglicher Form angedroht. Wir wurden und werden gedrillt und zum Gehorsam erzogen. Es beginnt schon im Säuglingsalter und endet erst mit dem Tod. Freiheit fühlt sich in meiner Vorstellung anders an.

Wir sind nicht frei, wie man uns eingebläut hat. Wir leben in einer uns einprogrammierten Scheinfreiheit, und nur zwei Dinge halten uns alle in diesem Gefängnis gefangen: Es sind zum einen die Spiele mit unseren Ängsten, die scheinbar unsichtbar von oben mit uns "gespielt" werden. Aber wer genau hinschaut, der erkennt sie. Und zweitens ist es die Abhängigkeit vom Geld, die uns an dieses Leben fesselt. Man hat uns vom Geld abhängig gemacht, so wie Drogendealer Junkies abhängig machen. Würden wir diese beiden Dinge, unsere Ängste und das Geldsystem, als vereinte mächtige Menschheit schon heute gemeinsam ignorieren und überwinden, dann wären wir alle von heute auf morgen wirklich freie Menschen.

Ich bin mir sehr sicher, dass die Menschheit dieses Spiel irgendwann in der Zukunft durchschauen und entsprechend handeln wird.

Beginnen Sie bereits jetzt damit, im privaten Rahmen für sich und Ihre Familie nach Möglichkeiten zu suchen, so viel Freiheiten wie nur möglich in Ihr Leben zu integrieren. Es wird Ihnen, Ihrer Familie und Ihrer Gesundheit damit sehr gut ergehen, denn selbstbestimmte und erfolgreiche Menschen führen immer ein etwas freieres Leben als die anderen.

Ich wünsche Ihnen viel Erfolg dabei.

III.

DIE WICHTIGKEIT IM LEBEN

EINE ABSCHLUSSLEKTION

88

MENSCH BLEIBEN

Und sich auch so verhalten

VIER ZEILEN ZUM SCHLUSS

Bei allem Erfolg,
denken und handeln Sie stets menschlich.
Bleiben Sie ein Mensch.
Das ist es, was uns alle ausmacht.

EINE LEBENSESSENZ

Nachwort

DIE WEGE ZUM LEBEN IM ÜBERBLICK

Anstelle eines Nachwortes habe ich zum Schluss dieses Buches noch einmal übersichtlich die Aspekte zusammengefasst, die Sie zu einem freien, selbstbestimmten, erfolgreichen, glücklichen und einem lebenswerten Leben beflügeln.

Wenn Sie ein solches Leben anstreben, lesen Sie einfach täglich in diesem Buch. Sie verändern dadurch allmählich Ihre Handlungs- und Lebensweise und öffnen sich für ein ebensolches Leben.

Ich wünsche Ihnen Freiheit, Erfolg und Selbstbestimmung.

Ihr Thomas Widrat

1. Erinnern Sie sich an ein Leben, das noch anders aussah als dieses, in das die Menschheit hineingeraten ist.

2. Verbannen Sie Ihr Smartphone, schalten Sie den Computer nur noch so wenig wie möglich ein.

3. Verabschieden Sie sich aus den sozialen Medien, die Sie in eine Welt locken, die nichts mit dem wahren Leben zu tun hat.

4. Räumen Sie Ihr Zuhause auf. Ordnen und strukturieren Sie Ihr Haus und Ihre Arbeitsplätze, wie zum Beispiel Schreibtische oder Arbeitsflächen.

5. Verkaufen, verschenken und entsorgen Sie überflüssige Dinge, die Sie nicht mehr benötigen.

6. Vereinfachen Sie alles in Ihrem Leben, das sich vereinfachen lässt, denn dies vereinfacht Ihnen Ihr Leben.

7. Überdenken Sie Ihre Ernährung. Halten Sie sich an die Ernährungshinweise für ein gesundes Leben (s. S. 34).

8. Erfassen Sie Ihre eigene Gesundheit und erstellen Sie sich einen Plan, wie Sie sich fit und gesund halten können. Bringen Sie bestehende Krankheiten zur Heilung oder zur Linderung.

9. Kaufen Sie sich einen Buchkalender und tragen Sie in diesen alle anstehenden Erledigungen und Termine ein.

10. Kaufen Sie sich ein Notizbuch und notieren Sie in dieses Gedanken, Ideen, Impulse, Inspirationen, Träume, Wünsche und Ziele.

11. Verschreiben Sie sich einer oder mehreren Leidenschaft(en), um sich mit Aufgaben, Dingen oder Tätigkeiten zu beschäftigen, die Sie lieben.

12. Suchen Sie sich neue Hobbys als Inspiration für Neues.

13. Gehen Sie täglich spazieren und kaufen Sie sich ein Fahrrad für Radtouren in der Natur.

14. Gehen Sie in den Wald und atmen Sie bewusst die frische Waldluft.

15. Bauen Sie (zusammen mit Ihrer Familie) einen Drachen und lassen Sie diesen steigen.

16. Machen Sie eine Wattwanderung und entspannen Sie sich.

17. Legen Sie sich einen wunderschönen Garten an und bauen Sie beispielsweise Ihr eigenes Biogemüse an.

18. Finden Sie einen Zugang zu Ihrem Unterbewusstsein und träumen Sie am Tag.

19. Planen Sie mit Ihrer Familie eine Reise und verreisen Sie zusammen. Stärken Sie dadurch Ihr Zusammengehörigkeitsgefühl und verbringen Sie gemeinsam Zeit miteinander.

20. Verschenken Sie bedingungslose Liebe und Sie werden diese mehrfach zurückerhalten.

21. Ziehen Sie sich zurück und kommen Sie zur Ruhe. Finden Sie den Kontakt zu Ihren wahren Wünschen.

22. Erfassen Sie Ihre Freundschaften. Haben Sie wirklich gute Freunde? Falls nein, begeben Sie sich auf die Suche nach wirklich guten Freunden.

23. Notieren Sie Ihre Träume, Wünsche und Ziele in Ihrem Notizbuch. Arbeiten Sie möglichst täglich mit Ihrem Notizbuch.

24. Filtern Sie Ihre Stärken heraus. Erkennen Sie, was Ihnen Freude bereitet, was Sie lieben, was Sie besonders gut können und was Sie tun möchten, um glücklich zu sein.

25. Hören Sie wieder auf Ihre innere Stimme. Was sagt sie Ihnen?

26. Erkennen Sie Ihre Einzigartigkeit auf dieser Welt. Niemand ist so wie Sie. Sie sind einmalig.

27. Werden Sie selbstbewusster. Werden Sie sich bewusst, wer Sie eigentlich sind.

28. Entdecken Sie Ihre Herzenswünsche und erobern Sie diese zurück.

29. Möchten Sie weiterhin arbeiten oder Ihrer Berufung nachgehen? Der Begriff “Beruf” kommt von Berufung.

30. Erkennen Sie Chancen, die sich vor Ihnen auftun.

31. Treffen Sie Entscheidungen in Ihrem Leben. Ansonsten bestimmt jemand über Sie, wenn Sie sich nicht entscheiden.

32. Vertrauen Sie sich und haben Sie Vertrauen in sich.

33. Erkennen Sie, dass Enttäuschungen Sie zu Veränderungen motivieren können.

34. Verstehen Sie, dass bereits kleinste Veränderungen den Verlauf Ihrer Zukunft und damit Ihr Leben verändern.

35. Greifen Sie bei Ihren Träumen, Wünschen und Zielen nach den Sternen.

36. Nutzen Sie Unzufriedenheit als Motivator für Veränderungen in Ihrem Leben.

37. Eignen Sie sich eine optimistische Denkweise und Lebenseinstellung an. Pessimisten leben schlechter.

38. Vergessen Sie die Vergangenheit. Gestern ist gestern und gestern ist vorbei. Leben Sie im Jetzt.

39. Willenskraft und Strebsamkeit sind zwei mächtige Eigenschaften auf dem Weg zum Erfolg, wenn nicht sogar die mächtigsten.

40. Setzen Sie sich Ziele. Ohne Ziele irrt man im Nirgendwo umher.

41. Seien Sie besser als die Norm und geben Sie mehr als 100 Prozent.

42. Erhöhen Sie mit jedem erreichten Ziel die Messlatte ein wenig und wachsen Sie mit und an Ihren Zielen.

43. Setzen Sie Prioritäten. Man kann nicht auf jeder Hochzeit tanzen.

44. Verbannen Sie Energieräuber und schützen Sie Ihre Energien.

45. Halten Sie Ihre neuen Projekte aus mehreren Gründen streng geheim.

46. Erkennen Sie, dass nichts Sie besser und mehr motiviert als Ihre eigenen Motive.

47. Überwinden, verschieben und sprengen Sie Grenzen.

48. Werten Sie Misserfolge als Chancen. Misserfolge sind lediglich als Indikatoren zu verstehen, dass man noch nicht gut vorbereitet ist/war. Mehr sind Misserfolge nicht.

49. Geben Sie sich Ihrem Traum hin.

50. Überqueren Sie den Point of no Return.

51. Eine sehr wichtige Lektion im Leben ist es, nein zu sagen. Lernen Sie das unbedingt.

52. Sorgen Sie für ausreichenden und gesunden Schlaf.

53. Suchen Sie keine Ausreden mehr. Sagen Sie ehrlich, bestimmt und direkt die Wahrheit.

54. Auf dem Weg zum Erfolg sollten Sie unbedingt Sackgassen und Einbahnstraßen meiden.

55. Bleiben und handeln Sie stets fair.

56. Eignen Sie sich Disziplin an.

57. Verstehen Sie, dass es Höhen und Tiefen im Leben gibt und dass auf einen Höhenflug auch ein Tiefflug folgen kann.

58. Verstehen Sie das Prinzip von Geben und Nehmen. Man kann nur etwas erhalten, wenn man auch etwas gibt.

59. Investieren Sie klug. Am besten investieren Sie in sich selbst, beispielsweise in Wissen. Das kann Ihnen keiner nehmen.

60. Beschäftigen Sie sich intensiv mit der Thematik emotionale Intelligenz. Lernen Sie mehr über Gefühle.

61. Werden Sie zum Pionier und seien Sie der Zeit voraus.

62. Besiegen Sie Ihre Ängste. Sie blockieren Ihren Erfolg.

63. Der Mutige gewinnt. Seien Sie mutig.

64. Entwickeln Sie Ausdauer und überholen Sie mit Leichtigkeit.

65. Behalten Sie die Balance im Leben.

66. Korrigieren Sie immer wieder Ihren Kurs.

67. Verstehen Sie, dass alles möglich ist.

68. Entwickeln Sie sich stetig weiter. Stillstand ist der Tod.

69. Geben Sie auf, wenn Ihnen die Freude abhanden gekommen ist. Und kämpfen Sie, wenn es die Sache wert ist.

70. Vertrauen Sie Ihren Gefühlen. Sie sind ein Ausdruck Ihrer Seele.

71. Bewahren Sie auch in hektischen Momenten stets die Ruhe.

72. Übernehmen Sie die Kontrolle über Ihr Leben. Niemand kann Ihr Leben besser lenken und steuern als Sie selbst.

73. Anpassung und Flexibilität sind zwei wichtige Attribute auf dem Weg zum Erfolg. Sie sind aber nicht zu verwechseln mit Unterordnung.

74. Improvisation kann für ein freies, selbstbestimmtes und erfolgreiches Leben sehr wichtig sein, denn es läuft nicht immer alles nach Plan.

75. Schaffen Sie sich Gewohnheiten. Sie haben eine unwahrscheinliche Kraft.

76. Vergleichen Sie sich nicht mit anderen. Das ist kontraproduktiv, denn Sie sind ein eigenständiger und einzigartiger Mensch. Man kann Sie nicht vergleichen.

77. Erlangen Sie stattdessen lieber Authentizität. Das macht anziehend.

78. Seien Sie dankbar für Ihr Leben. Und seien Sie Ihren Eltern und Großeltern dankbar.

79. Vergeben und verzeihen Sie anderen und auch sich selbst für gemachte Fehler.

80. Der Begriff “Ego” ist lateinisch und bedeutet “ich”. Wenn man ein freies, selbstbestimmtes und erfolgreiches Leben anstrebt, spielt es eine ganz entscheidende Rolle, was man von sich selbst denkt.

81. Erkennen Sie die Vorteile des Minimalismus.

82. Leben Sie Ehrlichkeit vor.

83. Leben Sie für Werte und bleiben Sie diesen treu.

84. Loben Sie Ihre Mitmenschen.

85. Halten Sie im richtigen Moment den Mund und hören Sie stattdessen lieber aufmerksam und interessiert zu.

86. Hören Sie damit auf, Menschen überzeugen zu wollen. Sie bewirken nichts damit.

87. Streben Sie Freiheit an. Freiheit ist das höchste Gut, das wir Menschen erreichen können.

88. Bleiben Sie stets ein Mensch, und denken und handeln Sie stets menschlich.

THOMAS WIDRAT

Thomas Widrat (geb. 1974) war zunächst in verantwortungsvollen kaufmännisch-marketingorientierten Berufen tätig und etablierte sich daneben als Textautor im Musikgeschäft. Durch seine langjährige, intensive Beschäftigung mit alternativen Heilmethoden fand er schließlich zu seiner eigentlichen Berufung: Heute widmet er sich den Themen persönliche Entwicklung und Heilung. Er hält Vorträge und Seminare.

Auf der Webseite von Thomas Widrat finden Sie seinen Blog und aktuelle Termine seiner Autorenlesungen und Vorträge. Zudem können Sie dort seinen kostenfreien Newsletter bestellen und weitere Informationen zu diesem Buch finden sowie die aktuellen Kontaktmöglichkeiten von Thomas Widrat.

www.thomas-widrat.de · info@thomas-widrat.de

AUTORENLESUNGEN

Thomas Widrat hält zu diesem Buchthema Lesungen. In lockerer Atmosphäre liest er Passagen aus seinem Werk und stellt sich den Fragen seines Publikums. Bei Interesse melden Sie sich gerne beim Verlag "Die Silberschnur".

www.silberschnur.de · E-Mail: info@silberschnur.de

EIN HINWEIS ZU ZUKÜNFTIGEN PROJEKTEN

Meine neuesten Pläne und Veröffentlichungen werde ich frühzeitig auf meiner Webseite und der Verlagswebseite des Verlages "Die Silberschnur" ankündigen. Schauen Sie einfach gelegentlich auf diesen Webseiten vorbei oder tragen Sie sich in meinen kostenfreien Newsletter ein. Dann bekommen Sie mehrmals im Jahr elektronische Post.

368 Seiten, broschiert
ISBN 978-3-96933-068-5
€ [D] 25,00

Thomas Widrat

Simply Healthy – einfach vollkommen gesund

Körper, Geist, Seele

Thomas Widrat führt uns auf einen Weg, der einfach in den Alltag integriert werden und uns ganzheitliche Gesundheit schenken kann. Aus den unzähligen Richtlinien für ein gesundes Leben hat er die Essenz herausgefiltert und sie zu einer fundierten, wirksamen Methode aufbereitet. Uns erwarten wertvolle Tipps zu Ernährung und Körperentgiftung, aber auch Ratschläge, um mental belastende Faktoren aus unserem Leben zu eliminieren. Ein umfangreicher Praxisratgeber für alle, für die Gesundheit mehr ist als ein funktionierender Körper. Ein Buch für jeden, der seine Lebensausrichtung überdenken und sein Leben neu navigieren möchte.

160 Seiten, durchgehend farbig, broschiert
ISBN 978-3-96933-024-1
€ [D] 22,00

Claudia Lazzari

Wahre Schönheit geht unter die Haut

Die 4 Phasen der natürlichen, ganzheitlichen Hautpflege

Es ist an der Zeit zu erkennen, dass unser Körper ein ganzheitliches, sehr intelligentes, ja magisches System ist.
Kosmetik kann, wenn sie richtig angewendet wird, wieder Ordnung in den Körper bringen. Stressreduktion, eine Versorgung mit Vitalstoffen und die Unterstützung aller Körperfunktionen entlasten die Haut, die als Entgiftungsorgan das letzte Glied der Kette ist. Körper und Haut bilden eine Symbiose, bei der beide voneinander profitieren können. Hier geht es ums Ganze und es geht unter die Haut. Hier geht es um dich!

96 Seiten, farbig mit Abbildungen, broschiert
ISBN 978-3-89845-666-1
€ [D] 10,00

Klaus G. Lieg

Entspannung auf den Punkt gebracht mit der Akupressurmatte

Das 4-in-1-Konzept für wirkliche Tiefenentspannung!
Beruflicher Druck, Verkehrslärm, Zeitnot oder emotionale Belastungen sind allgegenwärtige Stressquellen. Umso wichtiger ist es, aus diesem krankmachenden Kreislauf auszusteigen und ein Gegengewicht zu schaffen.
Klaus G. Lieg beschäftigt sich seit über 30 Jahren mit dem Thema psychische Belastung und mit verschiedensten Entspannungstechniken. Er zeigt dir, wie du mit der innovativen Kombination aus klassischen Entspannungstechniken mit der Akupressurmatte endlich Ruhe und Entspannung findest, psychische Beschwerden linderst, seelische oder körperliche Blockaden auflöst und neue Kraft tankst.

136 Seiten, Klappenbr.
ISBN 978-3-89845-240-3
€ [D] 17,90

Zoé Kertesz

Face Gym

Jünger aussehen durch einfache und natürliche Gesichtsgymnastik

Doppelkinn, Krähenfüße, Hängebacken ... verschwinden.
Sie brauchen nur Ihr Gesicht richtig in die Hand zu nehmen! Haben Sie noch Zweifel? Verziehen Sie das Gesicht, und rümpfen Sie die Nase? Dann sind Sie schon mitten im Training.
Dieses Buch zeigt Ihnen mit einfachen und wirkungsvollen Übungen, wie Sie ohne Schönheitschirurgie die Elastizität, die Besonderheiten und die Form Ihres Gesichts bewahren können. Behandeln Sie Ihr Gesicht nicht schlechter als den Rest Ihres Körpers. Soll es doch ruhig auch ein bisschen Face Gym machen, um seine natürliche Ausdruckskraft und jugendliche Frische zu bewahren!

144 Seiten, 2-farbig, broschiert
ISBN 978-3-89845-667-8
€ [D] 10,00

Melani B

Wortinspirationen für neue Blickwinkel

Tagesimpulse, um ins Tun zu kommen

Erlebe dich neu!
Lass dich durch die bunte Vielfalt der Wortinspirationen berühren. Durch eigene Eintragungen unter den Impulsen hast du die wundervolle Möglichkeit, Anregungen, neue Sichtweisen und Ideen sowie einen klaren Blick für eigenes Erfühlen, Erkennen und Handeln zu gewinnen.
Eine spannende Reise zu dir selbst beginnt. Denn die beste Zeit ist immer jetzt.
Neue Blickwinkel lohnen sich immer!

384 Seiten, broschiert
ISBN 978-3-96933-046-3
€ [D] 20,00

Franz Huber

Vom Suchen und Finden des Wunderbaren

Herbert und die Bäume

Welche Sehnsucht bringt uns dazu, jeden Morgen aufzustehen und neue Herausforderungen zu suchen?
Herbert und der Autor beantworten diese Frage. Herbert spürt eine besondere Verbundenheit mit Bäumen, die ihm Kraft, Erfahrung und Weisheit weitergeben. Begleiten Sie die beiden von einem Erlebnis zum nächsten, und Ihr Blick für die kleinen, aber wertvollen Dinge des Lebens wird sich öffnen.
Die Sehnsucht nach etwas Außerordentlichem findet hier ihre Erfüllung im Erleben des Wunderbaren.

256 Seiten, farbig, mit vielen Fotos und Grafiken, Flexocover
ISBN 978-3-96933-009-8
€ [D] 28,00

Maria G. Baier-D'Orazio

Anders sein, anders denken, anders handeln

Um du selbst zu sein, um frei zu werden, damit sich etwas ändert. Ein inspirierendes Arbeitsbuch

Ein völlig neuer Weg der Innenschau.
Im ersten Teil des Buches führen Fotos dich in eine Reflexion über dein gesamtes Leben. Dein Denken wird auf die Probe gestellt. Du spürst, wer du wirklich bist, und entdeckst neue Wege. Im zweiten Teil erlauben dir Zeichnungen, deine Sichtweisen und Probleme konkret zu bearbeiten. Im Buch selbst kannst du diese Zeichnungen neu gestalten. So findest du Lösungen, und es wird sich etwas in deinem Leben verändern.
Eine Entdeckungsreise zu dir selbst!

160 Seiten, broschiert
ISBN 978-3-89845-611-1
€ [D] 14,00

Kurt Tepperwein

Vergiss dich nicht

Die 23 Tugenden für ein bewusstes Leben

Seit jeher sehnen wir uns nach Veränderungen. Wir probieren vieles aus und bemerken aber, dass wir immer wieder am gleichen Punkt landen.
Der erfolgreiche Autor Kurt Tepperwein lädt uns dazu ein, etwas genauer hinzusehen und das Leben mit 23 längst vergessenen Tugenden, die aktueller denn je sind, neu zu entdecken.
Dieses Buch geht mit dir den Weg in ein bewusstes Leben. Es rüttelt wach, fängt auf, harmonisiert und begleitet. Es liegt nur an uns, diese Tugenden wieder zum Leben zu erwecken ...

176 Seiten, 2-fbg., broschiert
ISBN 978-3-89845-467-4
€ [D] 14,00

Franziska Krattinger

Woran Pechvögel hängen und worauf Glückspilze aufbauen

Alles beginnt klein und endet groß

Wir bestimmen unser Leben aus der Kraft unserer Gedanken und Gefühle. Doch wir sind oft in Denk- und Gefühlsgewohnheiten gefangen.
Franziska Krattinger beschreibt die Stolpersteine, genannt Gewohnheiten, und zeigt die Lösungen dazu. Die Möglichkeiten zur Verbesserung unseres Lebensgefühls sind verblüffend einfach, wirkungsvoll und für jedermann leicht anzuwenden ...
Ein kleines Buch mit großer Wirkung, da es die Kraft des positiven Denkens in uns entfacht!

192 Seiten, durchgehend farbig gestaltet, Flexocover
ISBN 978-3-89845-657-9
€ [D] 32,00

Horst Oberle

Das große Buch der Klangschalen

Die Kraft der Singing Bowls

Geschichte · Herstellung · Auswahl · Klangmassage · Meditation

Neben der Vorstellung verschiedener Klangschalenvarianten und -übungen bietet dieses Praxisbuch einen Überblick über ihre Geschichte, Herstellung und Pflege und lehrt eine individuelle und intuitive Anwendung.
Schenken Sie Ihrem Leben wieder Harmonie. Klangschalen bringen unser Körperwasser in harmonische Schwingungen, lösen Verspannungen, aktivieren Selbstheilungskräfte und lassen uns tiefenentspannen.
Bringen Sie Ihr Leben in Klang und Ihre Seele zum Schwingen!

336 Seiten, 2-farbig, inkl. Lesezeichen, broschiert
ISBN 978-3-89845-570-1
€ [D] 19,95

Miriam Oberstaller & Helene Sarah Gruber

Ein Geschenk des Himmels für dich und mich

Die wesentlichen Fragen an das Leben

Die Schnelllebigkeit unserer Zeit und immer neue Aufgaben konfrontieren viele jeden Tag mit neuen Herausforderungen und immer wieder auftauchenden Fragen.
Die drängendsten Fragen an das Leben haben zahlreiche Menschen für dieses Buch gesammelt, und die geistige Welt hat jede einzelne davon liebevoll beantwortet ...
Einfühlsam, berührend und mit viel Humor führt die geistige Welt durch dieses Buch und schenkt in ihren Antworten Kraft und Segen. Das Buch möchte Menschen wieder zur Einfachheit führen, in die Selbstermächtigung und Selbstliebe.

120 Seiten, 2-fbg., broschiert
ISBN 978-3-89845-452-0
€ [D] 14,00

Silke Gramer-Rottler

Was uns alle trägt

Die Kraft des Urvertrauens in einer reizüberfluteten Welt

Wir leben in einer schnelllebigen Welt, in der Hektik, Ignoranz und Ängste unseren Alltag bestimmen.
Silke Gramer-Rottler zeigt uns, wie wir zurückfinden können zur berühmten Leichtigkeit des Seins. Sie erklärt uns, wie wir in unserem Leben wieder Raum schaffen können für die wesentlichen Dinge und wie dadurch die ganzen Unsicherheiten des Alltags verschwinden.
Dieses inspirierende Buch fordert uns alle auf, innezuhalten in unserer schnelllebigen, reizüberfluteten Welt und uns auf den Weg zu machen, unseren Ängsten zu begegnen, um zu erfahren, dass das Leben uns trägt.

IHRE NOTIZEN

IHRE NOTIZEN